日本語学習者のための

読解厳選テーマ10

［中上級］10

改訂第2版

清水正幸／奥山貴之
MASAYUKI SHIMIZU　TAKAYUKI OKUYAMA

にほんごの 凡人社 BONJINSHA

はじめに

1．本書の特長

　本書は日本語能力試験のN2レベルを修了し、同N1レベル程度の日本語力をめざす過程にある人を対象としています。学習者の日本社会への興味や関心に応えたり、それらを喚起したりできるように作りました。また、日本社会についての知識だけでなく、そこから社会的なテーマについて自ら考えていく力を身につけることも目標としています。この点で、大学・大学院への進学をめざす人にもお薦めできます。

　本書は、このような日本語力、知識、考える力を、楽しみながら身につけていけるように、以下のような工夫をしました。

- ① 多様な視点、考え方に触れられるように、1つのテーマについて複数の文章を用意しました。また、文章のタイプも、エッセイ、論説文、新聞記事、物語など、さまざまなものをそろえています。
- ② テーマについて考えたり、クラスメートとディスカッションをしたりするセクションを設けました。「文章を読む」「自分の考えをまとめ、話す」「他者の考えを聞く」というプロセスの中で、より広い視野を獲得し、テーマについて主体的に考えつづけていく力を養います。

2．各課の構成とねらい

　各課は、それぞれ一つのテーマを設定し、扉・読み物1・読み物2・コラムから構成されています。各読み物には理解確認のための問題があるほか、テーマに関する理解を深めたり、関心を広げたりするために、関連データの図表を掲載している課もあります。また、日本語能力試験N1レベル以上と思われる語は巻末の語彙リストに収録し、漢字表記の場合には、読み物ごとに、適宜、初出部分にルビを振りました。

　なお、本書の制作にあたっては、さまざまな方面より惜しみないご協力をいただきました。とりわけ、東京富士大学、帝京大学、東京外語専門学校、江戸カルチャーセンター日本語学校、および、各校教職員のみなさまに、心より感謝申し上げます。

2015年11月　著者一同

本書の使い方および時間配分の目安

[1 課あたりの授業時間目安：160 ～ 180 分程度]

（＊クラス授業で使用する場合を中心に、使い方の例をまとめました。）

1．準備（10 ～ 15 分程度）

　課の扉のページにはイラストがあります。扉のページを使って、テーマへの関心を高め、読み物へ進むための準備をしましょう。クラス授業で使う場合は、クラス全体で話しましょう。

　　例 1：「働かない働きアリ？」

　　　　⇒ 4 コマ漫画の内容について、日本語で話せるかどうか確認します。また、物語を知っているか、またいつごろ知ったかなどについて、クラスメートと話します。

　　例 2：「いじめ」

　　　　⇒最近の、または以前大きな話題になったいじめ事件についての新聞記事やテレビニュースを見てみましょう。その事件について知っている情報があれば、話します。また、自分の国のいじめの状況について、クラスメートと話します。

2．「読み物 1」（45 ～ 60 分程度）

2－1．黙読と答えの記入

　黙読をし、問題の答えを記入していきます。辞書の使用については、自分の日本語のレベルや目的によって、判断してください。

　なお、テキストの終わりには、日本語能力試験 N1 レベル以上の語彙リスト（英語・中国語・ベトナム語の対訳付き）があります。

2−2．音読と答えの確認

　1段落ずつ、音読をします。そのとき、漢字の読み方や大切な言葉の意味を確認します。そして、筆者が言いたいことや、各段落の内容などを確認します。問題の答えを確認できるところに来たら、答え合わせをします。

3．「読み物1から読み物2へ」（20～30分程度）

　「読み物1」で読んだ内容をもとに、テーマについて考えたり、話したりします。テーマについて、知っていることや自分の考えを話してみるという点では、「1. 準備」の活動と同じですが、ここでは少人数でグループ・ディスカッションなどをして、クラスメートとじっくり話し合いましょう。

　また、1課の授業を二度に分けて行う場合、図書館やインターネットなどで問いについて調べてから、次の授業で発表やディスカッションを行うのもよいでしょう。

4．「読み物2」（45～60分程度）

　進め方は「読み物1」と同じです。ただし、「読み物1」と関連するようなところでは注意をしてください。そして、同じテーマでもいろいろな視点や考え方があることを知りましょう。それらを比べたり、関連づけたりしてください。

5．「発展」（20～30分程度）

　これまで学習した内容をもとに、もう一度考えたり、話したりします。最後は、何も書いてありません。自分で問題をつくってみましょう。

　なお、発表やディスカッションは、「読み物1から読み物2へ」と同じように、問いについて調べてから、次の授業でするのもよいでしょう。

6. 「コラム」・「知識のサプリ」

授業で資料として読んだり、自習用に使ったりしてください。

なお、授業で使う場合、いろいろな使い方が考えられます。

例1：「働かない働きアリ？」

⇒「コラム」：「読み物1」のあとで読む

「知識のサプリ」：「発展」の参考にする

例2：「いじめ」

⇒「コラム」：「準備」で日本のいじめの状況を知るために読む

【進め方の例（90分×2回）】

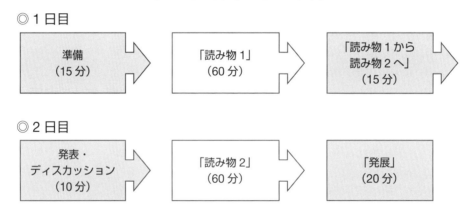

◎1日目

準備 (15分) → 「読み物1」 (60分) → 「読み物1から読み物2へ」 (15分)

◎2日目

発表・ディスカッション (10分) → 「読み物2」 (60分) → 「発展」 (20分)

改訂第2版発行にあたって

『日本語学習者のための読解厳選テーマ10 ［中上級］』は初版発行以来8年が経過し、今回、改訂第2版発行のはこびとなりました。

改訂第2版の制作にあたっては、いくつかの読み物を差し替えるとともに、問題についても改めて見直しを行い、本文理解のより一層の手助けになるよう努めました。また、「知識のサプリ」も、より新しい情報に差し替えています。

本書が以前にもまして、日本語学習者の皆さんのお役に立つことができれば、幸いです。

2023年10月

もくじ

01

働かない働きアリ？

読み物1 アリとキリギリス

1　　秋の終りのある日、アリたちが冬ごもりの準備をしていると、そこへバイ

2　オリンをかかえたキリギリスがやってきて言った。

3　「食べ物をわけてくれませんかね」

4　　おじいさんアリが、その応対をした。

5　「あなたはなぜ、夏のあいだに食料あつめをしておかなかったんだね」

6　「わたしは芸術家なんですよ。音楽をかなでるという、崇高なことをやって

7　いた。食料あつめなどしているひまなんか、なかったというわけです」

8　「とんでもない怠け者だ。ふん、なにが芸術だ。お好きなように歌いつづけ

9　たらどうです、雪の上ででも……」

10　　おじいさんアリはそっけない。しかし、キリギリス、さほど落胆もしない。

11　「だめなら、しようがない。じゃあ、よそのアリさんのとこへ行ってみるか

12　……」

13　　帰りかけるのを、若いアリが呼びとめる。

14　「ま、まって下さい……」

2

　その一方、おじいさんアリに説明する。

「……おじいさん、考えてみて下さいよ。われわれ先祖代々の勤労愛好の性格によって、巣のなかはすでに食料でいっぱい。毎年のように巣を拡張し、貯蔵に貯蔵を重ねてきたわけですが、それも限界にきた。さっきも貯蔵のために巣をひろげたら、壁が崩れ、むこうから古い食料がどっと出てきて、それにつぶされて三匹ほど負傷しました。キリギリスさんに入ってもらって少し食べていただかないと、もう住む空間もないほどなんです」

　かくして、[ⓐ]キリギリスはアリの巣の客となった。その冬はアリたちにとっても楽しいものとなった。ジュークボックス^{注1)}がそなえつけられたようなものなのだ。曲目さえ注文すれば、なんでもバイオリンでひいてくれる。

　このキリギリス、芸術家だけあって、頭のひらめきもある。アリの巣の貯蔵庫を見て回っているうちに、奥の古い食料が発酵し酒となっているのを発見した。アリたちに言う。

「あんたがた、これをほっぽっとく^{注2)}ことはないぜ。飲んでみな」

注1）お金を入れて選曲ボタンを押すと、自動的に音楽が流れる機械。

注2）放っておく。手をつけず、そのままにしておく。

アリたち、おそるおそるなめ、いい気持となり、酒の味をおぼえる。酒と歌とくれば、踊りだって自然と身につく。どうくらべてみても、勤労よりこのほうがはるかに面白い。この冬ごもりの期間中に、⑥このアリ一族の伝統精神は完全に崩壊した。

つぎの春からこのアリたちは、地上に出ても働こうとせず、キリギリスのバイオリンにあわせて踊りまわるだけだった。ただ、おじいさんアリだけが慨嘆する。

「なんたることだ、この堕落。⑥このままだと遠からず……」

そして、若いアリたちを理論で説得すべく、食料の在庫を調べ、あとどれくらいでそれが底をつくか計算しようとした。だが、あまりに貯蔵量が多すぎ、⑪どうにも手におえない。あと数十年を踊り暮したって、なくなりそうにはないのだ。そこでつぶやく。

「世の中が変ったというべきなのか。わしはわけがわからなくなった……」

おじいさんアリは⑥信念と現実との矛盾に悩み、その悩みを忘れようと、酒を飲み、若い連中といっしょに踊りはじめるのだった。

（星新一著「いそっぷ村の繁栄──アリとキリギリス」〔新潮文庫刊『未来いそっぷ』所収〕）

4

読み物1　問題

❶．「⁎キリギリスはアリの巣の客となった」のはどうしてですか。答えを一つ選んでください。

　　　a　若いアリが、キリギリスを冬の寒い世界に追い出すのはかわいそうだと思ったから

　　　b　若いアリが、キリギリスに巣に貯めた食料を食べるのを手伝ってほしかったから

　　　c　おじいさんアリが、キリギリスのバイオリン演奏を聞いて楽しみたかったから

　　　d　おじいさんアリが、キリギリスに古い食料の利用方法を教えてほしかったから

❷．「⁎このアリ一族の伝統精神」とは何ですか。本文から言葉を探して、4字で書いてください。

❸．「⁎このままだと遠からず……」に続くのはどんな言葉ですか。10字で書いてください。

								つ	く

❹．「^dどうにも手におえない」とありますが、何が「手におえない」のですか。答え
を一つ選んでください。

   a 若いアリたちを理論で説得すること

   b 若いアリたちに踊るのをやめさせること

   c 食料がどれくらいでなくなるか調べること

   d 世の中が変わったということを理解すること

❺．「^e信念と現実との矛盾」とは、ここではどんな意味ですか。本文の言葉を使って、
文を完成させてください。（ ）の数字は、答えの文字数を示しています。

  おじいさんアリは <u> (4)   </u> という信念を持っているが、現実は

  <u> (8)   </u> 暮しても、<u> (2)   </u> が

  <u> (10)   </u> という意味。

 ① 作者はこの作品にどんなメッセージを込めているでしょうか。考えてみま
しょう。

 ② あなたはどんな仕事をしたいですか。また、どんな働き方をしたいですか。

知識のサプリ

働き者？ 怠け者？
動物イメージランキング

「働き者」		「怠け者」	
1位 (45票)	アリ	1位 (37票)	ナマケモノ
2位 (34票)	ハチ (働きバチ)	2位 (16票)	キリギリス
3位 (16票)	ウマ	3位 (11票)	パンダ
4位 (13票)	イヌ	4位 (8票)	ネコ
5位 (4票)	ウシ / ビーバー		コアラ

その他の少数意見 (得票順)

◎ 「働き者」のイメージ
　　ツバメ、ネズミ、リス、ヤギ、伝書鳩、青虫、雌ライオン、キリギリス、ペンギン、雄ライオン、サラリーマン

◎ 「怠け者」のイメージ
　　雄ライオン、カバ、オランウータン、ウシ、貝、カメ、クマ、アルマジロ、カピバラ、ゾウ、バク、カラス、セイウチ、ハムスター、ウサギ、モグラ、アザラシ、ブタ、ゴリラ、ニワトリ、カンガルー、ナメクジ、猿蟹合戦のサル、人間、わたし、国会の席で寝ている政治家

（調査対象：日本の成人男女計50名、複数回答可）

読み物2 働かないアリにも働き

1　　イソップ童話「アリとキリギリス」で描かれているようにアリは働き者だ。

2　しかし、北海道大学の長谷川英佑准教授らは、働くアリばかりを集めると

3　必ず働かないアリが出てくる現象を実験で立証した。働かないアリがいるか

4　ら、不測の事態に対応できるとみている。グローバル競争に負けじ[注1]と効

5　率性ばかりを追求する人間社会だが、アリ社会に潜む巧妙さに見習うべき点

6　があるかもしれない。

7　　実験では体長1センチメートル弱のシワクシケアリ150匹を採ってきて、

8　ⓐ頭、胸、腹の3カ所をそれぞれ10色で色分けし識別した。石こうで巣穴

9　を作ったプラスチック製の水槽に入れて、顕微鏡で毎日定期的に何をしてい

10　るのかを約1カ月間観察し、1匹につき72回分の行動をチェックした。

11　　幼虫や卵の世話、掃除などほかのメンバーに役立つ作業を労働とみなし、

12　じっとしていたり体をなめたりといった自分のための行動は非労働とみなし

13　た。

14　　労働が7回以下の働かないアリが約10%、28回以上のよく働くアリも約

15　10%いた。残りは普通に働いていた。

16　　ⓑ働きアリのなかにも働かないアリがいるのは、これまでにも知られていた。

注1）負けたくない。

働き始めるための刺激の感度（反応いき値^{注2)}）が個体ごとに違うとされる₁₇からだ。今回の研究がユニークなのは、働くアリだけを集めて飼育し観察し₁₈たところ、ほとんど働かないアリが10%の割合で出てくることを突き止め₁₉たからだ。₂₀

長谷川准教授は「どんな集団にしても反応いき値のばらつきがあり、いき₂₁値の低い『働き者』が先に働き出し、結果的に『[ⓒ]怠け者』が出てきてしまう」₂₂と語る。₂₃

しかし、働かないアリは何も怠けて働かないわけではない。周りに働いて₂₄いるアリがいなければ働くし、働くアリと働かないアリで大きな能力の差が₂₅あるわけではないことは実験でも証明済みだ。₂₆

集団存続へ有事に備え？

ではなぜ、[ⓓ]必ず一定の割合で働かないアリが存在するのか。₂₇

長谷川准教授は生き物も疲れる点に着目した。「疲れて働けなくなったア₂₈リが出て来たときに、代わりに働くためではないか」との仮説をたてた。₂₉

本来、全員で一斉に働くほうがえさを多く取ることはできるし、巣の中も₃₀きれいになる。卵もたくさん育てられるはずだ。だが、現実のアリ社会はそ₃₁う単純ではない。₃₂

もし全員が猛烈に働き疲れ果ててしまうと、突然巣に敵が侵入してくるな₃₃どの不測の事態が起きたとき誰も戦えず、巣は滅びてしまう。世代を超えて₃₄巣を守り続けるには、絶滅リスクの回避を最優先して「あえて効率の低い仕₃₅

注2) ここではアリが行動を起こすのに必要な刺激の最小値のこと。

36 組みを採用している」（長谷川准教授）。

37 　この仮説が正しいかどうか、コンピューターでシミュレーション（模擬実
38 験）をした。反応いき値がすべて同じ個体で仕事があれば一斉に働く集団と、
39 反応いき値にばらつきがあり働かない個体がいる集団を作り、集団の存続期
40 間を調べた。

41 　単位時間あたりの仕事量は常に一斉に働く集団のほうが高かったが、仕事
42 が一定の期間以上処理されないと巣は滅びるという条件を加えたところ、働
43 かない個体がいるほうが集団は平均して長く存続した。

44 　長谷川准教授は「感度がばらばらで多様性がある集団は ⃝e 有事にも強く、
45 巣を長く存続させるために重要な戦略となっているのではないか」と解説す
46 る。

47 　今回の研究内容はアリ社会に限る話で、人間社会にすぐに役立つ研究では
48 ないが、成果を公表して以来、 ⃝f 長谷川准教授は企業の経営者や管理職向け
49 のセミナーなどに引っ張りだこだ。

50 　人事・組織論に詳しい一橋大学の守島基博教授は「ある程度余裕をもって
51 多様な人材を確保しておくと会社が長続きすると言われる方が、経営者は
52 ホッとするのだろう」と語る。

53 　変化に対応するためには余分な経営資源や人材が必要とする考え方は、組
54 織論の研究からも裏付けられている。

55 　ただ、バブル崩壊後の「失われた20年」で、日本の経営者は経費削減や
56 リストラに明け暮れてきた。効率重視の会社や社会の限界をなんとなく感じ
57 る人は多い。アリ社会はそんな人々の心をとらえているのかもしれない。

（2013年4月28日付日本経済新聞朝刊より）

読み物2　問題

❶．「@頭、胸、腹の3カ所をそれぞれ10色で色分けし識別した」とありますが、それ
はどうしてですか。＿＿＿＿に言葉を入れて、文を完成させてください。

　　　　　＿＿＿＿＿＿＿＿＿＿＿＿＿と＿＿＿＿＿＿＿＿＿＿＿＿＿＿を見分けるため

❷．「ⓑ働きアリのなかにも働かないアリがいるのは、これまでにも知られていた」と
ありますが、今回はどんなことがわかりましたか。答えを一つ選んでください。

　　　　a　働かないアリは、そのまま一生働かないこと

　　　　b　働くアリは、そのまま一生働きつづけること

　　　　c　働くアリだけ集めたら、みんな働きつづけること

　　　　d　働くアリだけを集めても、働かないアリが出てくること

❸．「ⓒ怠け者」が働かないのはどうしてですか。答えを一つ選んでください。

　　　　a　少ない刺激では反応しないから

　　　　b　ほかのアリより疲労しやすいから

　　　　c　周りに働いているアリがいないから

　　　　d　働くアリと能力差がありすぎるから

❹．「ⓓ必ず一定の割合で働かないアリが存在する」のはどうしてだと長谷川准教授は
考えていますか。答えを一つ選んでください。

　　　　a　巣が滅びてしまうリスクを避けるため

　　　　b　アリの数が増えすぎるリスクを避けるため

　　　　c　エサをとりすぎて、なくなるリスクを避けるため

　　　　d　仲間同士ののトラブルが起きるリスクを避けるため

❺．「ⓔ有事」とありますが、どんな事例が挙げられていますか。本文から言葉を探して、

20 字で書いてください。

				₂₀									

❻．「ⓕ長谷川准教授は企業の経営者や管理職向けのセミナーなどに引っ張りだこだ」

とありますが、それはどうしてですか。答えを一つ選んでください。

　　　　a　社員に働きアリのようにずっと働いてほしいと考える経営者や管理職が多

　　　　　　いから

　　　　b　グローバル競争に負けないように効率性を上げたいと考える経営者や管理

　　　　　　職が多いから

　　　　c　効率重視で多様性を認めない組織に対して疑問を感じている経営者や管理

　　　　　　職が多いから

　　　　d　会社でアリを利用したビジネスができるかもしれないと感じている経営者

　　　　　　や管理職が多いから

発　展

①　あなたの国で、「働き者」「怠け者」のイメージがある生き物は何ですか。

　　それはどうしてですか。

②　あなたが社長だったら、どんな社員がほしいですか。

③ _____

労働時間

【一人あたりの年間総労働時間の推移】

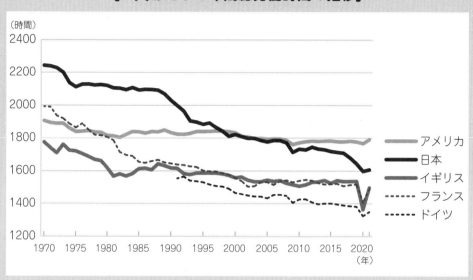

（OECD (2023)「Hours worked (indicator)」（doi: 10.1787/47be1c78-en）をもとに作成）

【一人あたりの年間総労働時間ランキング (OECD 加盟上位 30 か国)】

(時間)

順位	国名	時間	順位	国名	時間
1 位	メキシコ (MEX)	2127.8	16 位	イスラエル (ISR)	1752.8
2 位	コスタリカ (CRI)	2073.3	17 位	キプロス (CYP)	1745.3
3 位	コロンビア (COL)	1964.0	18 位	ニュージーランド (NZL)	1730.0
4 位	チリ (CHL)	1915.6	19 位	ハンガリー (HUN)	1697.1
5 位	韓国 (KOR)	1910.0	20 位	オーストラリア (AUS)	1694.1
6 位	マルタ (MLT)	1882.2	21 位	カナダ (CAN)	1685.0
7 位	ロシア (RUS)	1874.0	22 位	イタリア (ITA)	1668.5
8 位	ギリシャ (GRC)	1872.2	23 位	ポルトガル (PRT)	1648.9
9 位	ルーマニア (ROU)	1838.4	24 位	スペイン (ESP)	1640.9
10 位	クロアチア (HRV)	1835.0	25 位	リトアニア (LTU)	1620.0
11 位	ポーランド (POL)	1830.2	26 位	ブルガリア (BGR)	1619.4
12 位	アメリカ (USA)	1791.0	27 位	日本 (JPN)	1607.0
13 位	アイルランド (IRL)	1775.0	28 位	ラトビア (LVA)	1601.2
14 位	エストニア (EST)	1767.1	29 位	スロベニア (SVK)	1596.4
15 位	チェコ (CZE)	1752.8	30 位	スロバキア (SVK)	1583.2

（OECD (2023)「Hours worked」https://data.oecd.org/emp/hours-worked.htm）

イソップ童話

　「アリとキリギリス」「ウサギとカメ」「北風と太陽」……。これら世界中の子どもたちに今もなお読み継がれているイソップ童話は、紀元前6世紀ごろ、古代ギリシャで生まれました。

　日本にイソップ童話が伝わったのは16世紀の終わりごろ。ヨーロッパからやって来たキリスト教の宣教師が持ち込み、それが日本語に翻訳されて、江戸時代になると「伊曽保物語」として出版、普及が進みました。さらに明治時代以降、小学校の教科書に一部の物語が採用されるようになりました。

　イソップ童話が世界中に広がっていくにつれて、物語の内容にも変化が生まれました。「アリとキリギリス」は、もともと「アリとセミ」でしたし、物語の結末も、

　　①冬の厳しい寒さの中でキリギリスは死んでしまう

　　②アリに助けられたキリギリスは反省して次の年から真面目に働くようになった

　　③アリはキリギリスに食料を与え、キリギリスはお礼にバイオリンを弾いて聞
　　　かせた

というように、いくつかのパターンが存在しています。

02

血液型

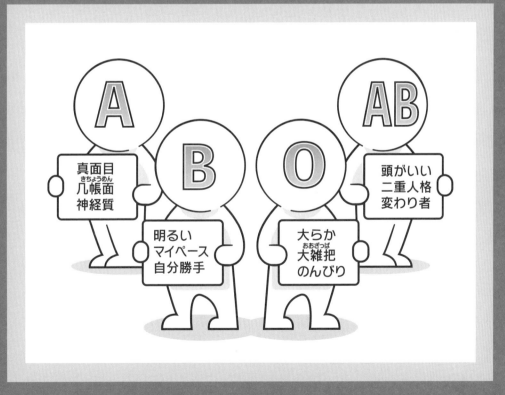

読み物1 血液型占いは当たる？

室井佑月さん（作家）

 B型は嫌われる？

1 　血液型を聞かれて「B型」って答えると、[a]よく「あーあ」って言われ空

2 気がドヨーンとしてしまうことがあります。でも、B型で損したって感じた

3 ことはありません。私はB型が気に入っているし、周りはB型だらけ。父

4 や息子、不思議なことに友達もほとんどB型なんです。

5 　血液型占いは好きでよく見ますが、けっこう当たっていると思うんです。

6 A型は細かい、AB型は何考えているのか分からない、O型は空気が読めな

7 くて大ざっぱとか。B型は、ほどよくこだわりがあって周りからはわがまま

8 だって言われがちだけど自分がある。

9 　私、嫌いな人には「あなたが嫌い」とはっきりいいます。陰で悪口を言う

10 方がよっぽど失礼だと思うんです。B型の友達は、自分がしたいことや言い

11 たいことをはっきり言う。O型の人って「それでいい」って周囲の意見に同

12 調し、「あれが食べたい」とか言わないでしょう。だから、B型の中に1人

13 違う血液型の人が入ると気を使って疲れちゃうから嫌なんです。

14 　血液型占いを含め、占いは全般的にクイズみたいに楽しいから好きです。

15 でも、占い通りに行動したことって実は一度もないんです。わいわいと楽し

16 むのはいいけれど、最終的には自分で決める。どんな高名な占師に言われ

ても同じです。

　背中を押されることはあるかもしれないけれど、あくまで自分の考えありきです[注1]。例えば、家を買いたい時に「やめろ」って言われたら嫌だから、自分の思い通りの答えが返ってくるまで占いに通い続けます。

　日本人が血液型の性格判断や占いが好きなのは、豊かで余裕があるからでしょうね。群れて遊ぶのが好きな国民性もあるかもしれない。でも、それで人生を決めるような人はよっぽど変わり者。ほとんどの人はそう思いながら楽しんでいると思う。占いの先生の言うとおりにしたって責任を取ってくれるわけでもありませんからね。

科学的?

　占いって「○○だ」って書いてあって、一方では「こういう部分もある」って書いてあるでしょう。どれかに当てはまるのは当たり前。だから、ゲーム感覚で楽しめばいいんですよ。血液型と性格の関係には科学的な根拠が無いって言う人がいますが、私はそういう人は余裕の無い人なんじゃないかって思っちゃう。

　どうしても譲れないことが多いから、B型は「わがまま」とか「自己チュー」って言われるけど、私はB型の自分が好きなんです。好き嫌いがはっきりしているおかげで、好きなことを見付け、好きなことを仕事にできているんですから。

（2008年5月19日付毎日新聞夕刊より）

注1）自分の考えが第一だということ。

❶．「@<u>よく『あーあ』って言われ空気がドヨーンとしてしまうことがあります</u>」とあ

りますが、それはどうしてですか。答えを一つ選んでください。

    a　Ｂ型の人は血液型占いを信じないから

    b　Ｂ型の人は陰で悪口を言う人が多いから

    c　Ｂ型の人は周りの人に気を使わせるから

    d　Ｂ型の人はわがままだと思われているから

❷．筆者は自分の血液型がＢ型だということをどう思っていますか。答えを一つ選ん

でください。

    a　友達がすぐできるから、気に入っている。

    b　変わり者だと言われるから、嫌だと思っている。

    c　好き嫌いがはっきり言えるから、気に入っている。

    d　血液型と性格は無関係だから、どうでもいいと思っている。

❸．筆者が考えるＢ型の人の性格として、<u>当てはまらないもの</u>はどれですか。答えを一

つ選んでください。

    a　ほどよくこだわりがある。

    b　自己中心的だと言われがちだ。

    c　みんなと群れて遊ぶのが好きだ。

    d　どうしても譲れないことが多い。

❹. 筆者は占いをどんなものだと考えていますか。答えを一つ選んでください。

    a   楽しむためのもの

    b   変わり者がするもの

    c   自分の人生を決めるもの

    d   思い通りの答えを出してくれるもの

❺. 血液型占いを「科学的」に考える人を、筆者はどう思っていますか。12字で書いてください。

物	事	を								人

① 血液型占いの他に、どんな占いを知っていますか。

② 一人っ子
長男／長女
間っ子
末っ子

だから、＿＿＿＿＿＿＿＿と言われたことがありますか。

そのとき、どう思いましたか。

血液型で判断しても
よいのか

読み物2

菊池誠さん（大阪大学教授）

科学的根拠

1　血液型から性格が分かるとか、行動から血液型が当てられるといった話に
2　科学的な根拠はありません。心理学の調査では、血液型が個人の性格を決め
3　るという傾向は見いだされていないのです。それなのに科学的根拠があるか
4　のように主張する血液型判断は偽科学と言っていいでしょう。科学的根拠が
5　ないと知っているのに「でも当たっているし……」「今後、関係が証明され
6　るかも……」などと言う人もいて、いわば迷信的に広く薄く信じられていま
7　す。一部の人に強固に信じられるよりも根深く、対処が難しい。

8　血液型性格判断が当たると感じる理由の一部は「ⓐバーナム効果」という
9　理論で説明されます。誰にでも当てはまるようなあいまいな内容を「自分に
10　当てはまる」と思い込む現象。作家の松岡圭祐さんが著書「ブラッドタイプ」
11　の宣伝用に開設したウェブサイトで「究極の血液型心理検査」と題したテス
12　トを行ったところ、でたらめな内容なのに９割近い人が「自分に当てはまる」
13　と答えたそうです。

14　血液型による性格分類が一般に広まったのは、71年の能見正比古さんの
15　著書「血液型でわかる相性」がきっかけです。最近は韓国でも話題になって
16　いますが、ⓑ根強い血液型ブームは日本独自の現象です。

　その理由は、Ａ型４割、Ｏ型３割、Ｂ型２割、ＡＢ型１割という日本人の　　17
血液型分布にありそうです。血液型分布は国や民族によってかなり違います。　　18
Ｂ型が性格判断で悪く言われるのは、５人に１人という割合が差別するのに　　19
ちょうどいいからと考えられます。　　20

血液型差別

　血液型による差別は実際に起こっています。20年ほど前、大手家電メー　　21
カーがユニークな商品を開発しようとＡＢ型の社員を集めたプロジェクト　　22
チームを作りました。最近でも、幼稚園で血液型別のクラス編成をした例と　　23
か、企業の採用面接で特定の血液型は採用しないと言われた例などもありま　　24
す。　　25

　ＢＰＯ（放送倫理・番組向上機構）は04年、科学的裏付けがないのに実証　　26
済みのように取り上げることは「差別に通じる危険がある」として、血液　　27
型番組を作る放送局に配慮を求めました。「©ブラッドタイプハラスメント」　　28
という言葉もあるくらい本当は深刻な問題なのです。　　29

　個人の努力ではどうしようもないことで差別してはならない、というのが　　30
基本的な考え方ですが、血液型によって性格を決めつけることはまさにそれ　　31
に当たります。血液型性格判断は差別につながりかねないということを常に　　32
頭に入れておくべきですね。初対面の相手にいきなり血液型を聞く人もいま　　33
すが、血液型は年齢や親の職業などと同じレベルの個人情報です。　　34

（2008年5月19日付毎日新聞夕刊より）

❶. 次の（1）（2）に答えてください。

（1）　「ⓐバーナム効果」とは、どんなことを言いますか。本文から言葉を探して、書いてください。

_____

_____

（2）　バーナム効果があると考えられる言葉に○、ないと考えられるものに×を書いてください。

　　　① （　　　） 「あれ？　髪、切りましたか」

　　　② （　　　） 「何か悩みごとがあるんじゃないですか」

　　　③ （　　　） 「顔色、悪いですよ。体調、大丈夫ですか」

　　　④ （　　　） 「今日のあなた、いつもと雰囲気が違いますね」

　　　⑤ （　　　） 「悩みごとがあれば、いつでも相談に乗りますよ」

❷. 「ⓑ根強い血液型ブームは日本独自の現象です」とありますが、どうして日本では血液型性格判断が流行り続けていると筆者は言っていますか。答えを一つ選んでください。

　　　a　日本人はバーナム効果の影響を受けやすいから

　　　b　日本人は家族や親戚などの「血縁（けつえん）」を大切にするから

　　　c　日本人の各血液型の割合が性格診断にはちょうどいいから

　　　d　日本人は皆、血液型性格診断に科学的根拠があると思っているから

❸．次の（1）（2）に答えてください。

（1）　「ⓒブラッドタイプハラスメント」と意味が近い言葉を本文から探して、8字で書

いてください。

（2）　筆者はブラッドタイプハラスメントの例を三つ挙げています。書いてください。

- _____

- _____

- _____

❹．筆者は血液型性格判断について、どう考えていますか。本文の言葉を使って、文を

完成させてください。（　）の数字は、答えの文字数を示しています。

血液型性格判断は (3)＿＿＿＿＿＿＿＿＿であり、(2)＿＿＿＿＿＿＿につながる

ものだから、それが信じられているのは (5)＿＿＿＿＿＿＿＿＿＿＿＿だ。

発　展

①　あなたの国ではどんな「○○ハラスメント」が問題になっていますか。

②　あなたは初対面の人の性格を判断するときに、どんな点に注目しますか。

③　＿＿＿＿＿＿＿＿＿＿＿＿＿＿＿＿＿＿＿＿＿＿＿＿＿＿＿＿＿

血液型はいくつある？

　血液型は？　と聞かれるとたいていの人は、「A型」や「O型」などと答えるでしょう。やはり、血液型というとABO式がよく知られています。どうしてこの分類がよく知られているかというと、輸血の際に重要なポイントになるからです。ABO式の血液型を発見したのは、オーストリアのカール・ラントシュタイナーという人です。ラントシュタイナーはこの発見により、1930年にノーベル賞を受賞しました。

　他に知られているのは、Rh式の分類でしょう。A型同士やB型同士でも、輸血の際に問題が生じることから研究が進み、このRh式の分類の発見につながりました。この分類では六つの血液型があります。

　血液型の分類方法は、ABO式、Rh式の分類以外にも、MNSs（9種類）、ルイス（4種類）、ダフィー（4種類）、P（2種類）、キット（4種類）など、50以上あるそうです。ここに具体的に挙がった分類方法だけでも、血液型の種類は

　　　4 × 6 × 9 × 4 × 4 × 2 × 4 ＝ 27,648

27,648通りあることになります。これが50以上もあると考えると……。

　血液型って、本当にたくさんあるんですね。

【Rh式血液型分類】一般にはRh+とRh−の2種類で表されるが、実際は6種類。D抗原を持つタイプが他のタイプの血液と混ざると問題が生じるため、D抗原を持つものがRh+とされる。

03

言葉の意味

読み物1 私の言葉で辞書を編む

大辞泉デジタル版が語釈公募

1 　言葉のプロが編集するのが常識の国語辞典に、[ⓐ]普通の人々の「生きた解

2 釈」を採り入れる試みが注目されている。小学館が「愛」や「失敗」「萌え」「SNS」

3 など八つの言葉の語釈を一般公募。優秀作品は年末に改訂されるデジタル版

4 の「大辞泉」に収録される予定だ。人によって解釈の違う言葉を様々な角度

5 から捉え直すことで、他の辞書との違いを打ち出す狙いだ。

6 　7日に募集を始めてから10日あまりで4千件以上の投稿があり、ホーム

7 ページで公開している。最も多かったのは「愛」で、「大人」「自由」が続く。

8 　【自由】「義両親と同居じゃないこと」、【愛】「誰もが努力次第で持ち得る

9 もの」、【大人】「世の多くの男性がなかなかなれないもの」、【友だち】「別れ

10 ない恋人」、【カワイイ】「わしの孫」——など投稿者の思いがにじむ語釈も。

11 大辞泉編集部は「言葉の意味の一面をとらえたものだが、リアリティーが出

12 る。コラムのように読んでもらえれば」としている。

「大辞泉」の公募に寄せられた言葉の定義の例

【愛】

- 常に相手のことを想い、行動する感情。喜びや悲しみの気持ちを共有すること。相手を大切に想う感情
- 失うことを考えると怖くなるような人やモノに関する特別な感情
- 求め続けねば、離れゆくもの
- 恋よりも温かく、柔らかい…そして重いもの
- 人が他と結びつくために生まれ持った本能

【カワイイ】

- 「可愛い」は遺伝的魅力である場合が多いが、「カワイイ」は努力した結果の魅力
- 自分にとって脅威ではない相手に使う。女同士が対象を自分より下だと確認する際の表現
- 合コンで女性側の幹事が連れてくる全ての女性に必ずつく言葉
- 女性同士の関係を円滑にするための魔法の言葉
- 母親が初めて自分の子どもを見たときに発する言葉

国語辞典の世界も「個性派」が人気

28 　国語辞典の世界では今、正統派の語釈だけではない「個性派」が人気だ。

29 　ⓑ読み物として楽しめる辞典の先駆けとなったのは、三省堂の「新明解国

30 語辞典」だ。同社によると、前身の「明解」からの累計は約 2100 万部に達し、

31 これまで最も売れた小型国語辞典だという。

32 　【公僕】は「［権力を行使するのではなく］国民に奉仕する者としての公務

33 員の称。［ただし実情は、理想とは程遠い］」。【蛤】では、「食べる貝として、

34 最も普通で、おいしい」など、編者の個性が透けて見える語釈を収録した。

35 初版から最新版までそろえる熱狂的なファンもいるほどだ。

36 　昨年、国語辞典で最も売れた小学生向けの「チャレンジ小学国語辞典」

37 （ベネッセコーポレーション）は、まるで教科書のような語釈が特徴だ。「お

38 年玉はなぜ『お年玉』なのか」といった説明を載せ、「辞書をひくのが楽し

39 くなる仕掛け」（編集部）を用意した。

■ 「生きのよさ」を求めて

　紙の辞書の売り上げは低迷する一方、デジタル版のニーズは高まっている。　40

　全国出版協会によると、1993 年には 1400 万冊売れていた紙の辞書は、　41
2000 年代に急落。650 万冊ほどまで落ち込んだ。「大辞泉」も紙の版では 95　42
年の初版は 54 万部を発行したが、12 年の第二版は 3 万部にとどまる。　43

　一方、「コトバンク」など辞書サイトでの大辞泉のデータのヒット数は急　44
増し、収益の柱になった。スマホなどのための「大辞泉」系のアプリも 19　45
万ダウンロードと成長した。　46

　独自性を問われる生き残り競争の中、大辞泉が追究するのは「生きのよさ」　47
だ。電子版は 4 カ月に 1 回、2 千〜 3 千語を増やしている。今回の公募も、　48
日々変化する言葉の「今」をとらえる試みだ。　49

（2013 年 10 月 19 日付朝日新聞夕刊より）

読み物1　問題

❶．「大辞泉の語釈公募」について、本文の内容と合うものに○、合わないものに×を
　　書いてください。

　　　　①（　　　）　優秀作品はデジタルと紙、両方の版に収録される。

　　　　②（　　　）　他の辞書との違いを打ち出すために行われた。

　　　　③（　　　）　募集を始めて１週間で４千件以上の投稿があった。

　　　　④（　　　）　寄せられた中で最も多かったのは「愛」だった。

　　　　⑤（　　　）　言葉の解釈にリアリティーを出す手段になる。

❷．「ⓐ普通の人々の『生きた解釈』」とありますが、それはどのようなものですか。答
　　えを一つ選んでください。

　　　　a　プロが一般の人の視点（してん）でつくった言葉の解釈

　　　　b　以前にはなかったまったく新しい言葉の解釈

　　　　c　一般の人が日常の中で感じている言葉の解釈

　　　　d　わかりやすい言葉で書かれた専門的な言葉の解釈

❸．「ⓑ読み物として楽しめる辞典の先駆けとなったのは、三省堂の『新明解国語辞典』
　　だ」とありますが、どんな特徴がありますか。本文から言葉を探して、22字で書
　　いてください。

		し	て	い	る	点								

❹.『大辞泉』は「生きのよさ」を求めるためにどんなことをしていますか。本文の内
　容と合うものに○、合わないものに×を書いてください。

　　　① （　　　） タイムリーなコラムを収録する。

　　　② （　　　） 辞書をつくる人の個性を反映させる。

　　　③ （　　　） 子供にもわかりやすい語釈を載せる。

　　　④ （　　　） ネットやスマホなどに積極的に対応する。

　　　⑤ （　　　） 変化する言葉の「今」をとらえる方法を考える。

❺. いろいろな辞書が、今までしていなかったことをするようになったのは、どうして
　ですか。答えを一つ選んでください。

　　　a　今までの辞書はおもしろくなかったから

　　　b　紙の辞書が売れなくなってきているから

　　　c　デジタル版が売れても収益にならないから

　　　d　編者の語釈を理解できない人が増えたから

① 「読み物1」で紹介されている言葉の解釈の中で、あなたが気に入ったも
　のを挙げてください。

② 自由に言葉を選んで、あなた自身の新しい解釈を考えてみましょう。

読み物2 「情けは人のためならず」の意味

1 　「彼がどんなに落ち込んでいても、厳しく接した方がいいよ。[ⓐ]情けは人

2 のためならずって言うだろう。」……このような「情けは人のためならず」

3 の使い方は本来の意味と合っていません。元の意味を確かめてみましょう。

4 　問1　「情けは人のためならず」は、本来どのような意味なのでしょうか。

5 　　答　「情けは人のためならず」とは、人に対して情けを掛けておけば、巡

6 　　　　り巡って自分に良い報いが返ってくるという意味の言葉です。

7 　まず、「情けは人のためならず」を辞書で調べてみましょう。

8 　「日本国語大辞典 第2版」（平成12〜14年　小学館）

9 　情けは人（ひと）の為（ため）ならず

10 　　　[ⓐ]情をかけておけば、それがめぐりめぐってまた自分にもよい

11 　　　報いが来る。人に親切にしておけば必ずよい報いがある。

12 　　　補注：情をかけることは、かえってその人のためにならないと

13 　　　解するのは誤り。

「大辞林 第3版」（平成18年　三省堂）14

情けは人の為（ため）ならず 15

　情け^{注1)}を人にかけておけば、巡り巡って自分によい報いが来 16

るということ。〔近年、誤って本人の自立のために良くないと 17

理解されることがある〕 18

　ここに挙げた二つの辞書では、ともに「誰かに情け^{注2)}を掛けることは、 19
その人のためにならない」という解釈が誤りであることを⑥わざわざ指摘し 20
ています。本来は、人に思いやりを掛けておけば、結果として、いつか自分 21
にも良い報いが訪れるという意味の言葉です。 22

問2　「情けは人のためならず」について尋ねた「国語に関する世論調査の 23
　　　結果を教えて下さい。 24
　答　本来の意味である「人に情けを掛けておくと、巡り巡って結局は自分 25
　　　のためになる」を選んだ人と、本来の意味ではない「人に情けを掛け 26
　　　てやることは、結局はその人のためにならない」を選んだ人との割合 27
　　　は、ほぼ同じという結果でした。 28

注1）原文は「情」となっているが、出典『大辞林 第3版』の表記に合わせた。
注2）注1と同じ。

²⁹ ©平成 22 年度の「国語に関する世論調査」で、「情けは人のためならず」

³⁰ の意味を尋ねました。結果は次のとおりです。

³¹ （ア）　人に情けを掛けておくと、巡り巡って結局は自分のためにな

³² 　　　る ・・・ 45.8％

³³ （イ）　人に情けを掛けて助けてやることは、結局はその人のために

³⁴ 　　　ならない ・・・ 45.7％

³⁵ （ア）と（イ）の両方 ・・・ 4.0％

³⁶ （ア）、（イ）とは全く別の意味 ・・・ 1.9％

³⁷ 分からない ・・・ 2.6％

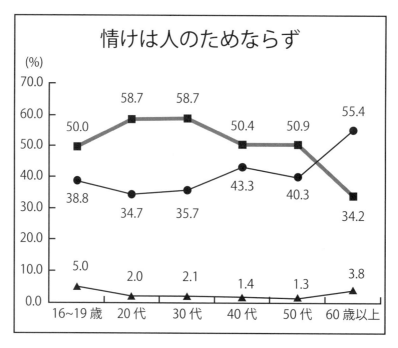

　全体では、本来の意味である（ア）「人に情けを掛けておくと、巡り巡っ
て結局は自分のためになる」を選択した人の割合と、本来の意味ではない
（イ）「人に情けを掛けて助けてやることは、結局はその人のためにならない」
を選択した人の割合とが、ともに46%弱となっています。しかし、年代別
のグラフを見ると、60歳以上を除く全ての年代で、本来の意味ではない（イ）
を選んだ人の割合の方が多いことがわかります。

　この言葉を本来とは違う意味で理解してしまうのは、「ためならず」の解
釈を誤ってしまうからだと考えられます。もし「情けは人のためにならず」
というのであれば、「その人のためにならない」と受け取れるでしょう。し
かし、「人のためならず」の「ならず」は、〔断定の「なり」〕＋〔打ち消し
の「ず」〕ですから、「である＋ない＝〜でない」という意味になり、「人の
ためでない（＝自分のためである）」と読み取る必要があります。⒟ここの
ところがはっきりしないことが「人のためにならない」と解釈する人を増や
している理由だと考えられます。

　　　　　　　　　　　　　　　（文化庁国語課「文化庁月報　平成24年3月号」より）

読み物2 問題

❶.「ⓐ情け／情」とだいたい同じ意味で使われている言葉を本文から探して、4字で書いてください。

❷.「ⓑわざわざ指摘しています」とありますが、二つの辞書で「情けは人のためならず」の誤った解釈をわざわざ指摘しているのは、どうしてですか。答えを一つ選んでください。

      a   誤りを指摘するように世論が求めたから

      b   意味を間違えて理解している人が多いから

      c   意味をわざわざ辞書で調べる人が増えたから

      d   他社の辞書との違いを打ち出したかったから

❸.「ⓒ平成22年度の『国語に関する世論調査』で、『情けは人のためならず』の意味を尋ねました」とありますが、その結果はどうでしたか。_____に数字や言葉を入れてください。

      間違えて理解している人   _____%

      正しく理解している人   _____%

      意味が分からない人   _____%

      ただし、_____によって結果に差がある。

❹.「[ⓓ]<u>ここのところがはっきりしない</u>」とありますが、どんなところがはっきりしないのですか。答えを一つ選んでください。

      a　「人のためならず」を「自分のためである」と読み取るべきところ

      b　「人のためならず」を「自分のためではない」と読み取るべきところ

      c　「人のためにならず」を「自分のためである」と読み取るべきところ

      d　「人のためにならず」を「自分のためではない」と読み取るべきところ

❺.筆者は「情けは人のためならず」について、間違えた解釈をする人が増えている理由を何だと言っていますか。答えを一つ選んでください。

      a　「人のためならず」の意味が昔と大きく変わったこと

      b　「人のためならず」の意味の範囲が非常に広いこと

      c　「人のためならず」の意味の理解が現代人には難しいこと

      d　「人のためならず」の意味の説明が辞書によって違うこと

発　展

① 次の文の下線部分の言葉も、間違えて使われることが多くなっています。

    ・山田さんは私にとって、<u>気の置けない</u>人だ。

    ・山田さんのお宅は<u>一姫二太郎</u>だ。

（1）どんな意味だと思いますか。まず、自分で考えてください。

（2）辞書などで調べてみましょう。

（3）自分の考えた意味と違っていたら、その理由を考えてみましょう。

② ＿＿＿＿＿＿＿＿＿＿＿＿＿＿＿＿＿＿＿＿＿＿＿＿＿＿＿＿＿＿

変わる言葉の意味

　「うつくしきもの。瓜(うり)にかきたるちごの顔。雀(すずめ)の子の、ねず鳴きするにをどり来る。」

　今から千年ほど前に、清少納言(せいしょうなごん)によって書かれた『枕草子(まくらのそうし)』の一節(いっせつ)です。これを現代語に直すと、こうなります。

　「かわいいもの。瓜に描いた子どもの顔。雀の子の、人がねずみの鳴き声を真似して呼ぶと、踊るようにしてやって来る様子。」

　「うつくし」という言葉が、昔は「かわいい」という意味で使われていたことがわかります。

　このように、多くの言葉の意味が時代とともに変化しているのです。

　最近の例でいうと、「ヤバい」。若者たちの間でこの言葉が使われはじめたころは、「ヤバい！　遅刻だ。」のように、もっぱらマイナスの意味で使われていました。ところが今はそれだけにとどまらず、「このラーメン、ヤバい。マジうまい。」というように、プラスの意味で使われることも多くなってきています。

04

IT 社会

契約書

① これを学校に持って行ってはいけません。

② これを使って人をばかにしたり、顔を見て言えないことを伝えたりしてはいけません。

③ 悪ふざけをしている写真をこれで撮ったり送ったりしてはいけません。

④ なんでも写真やビデオに撮らないで、大切な場面は自分の心に刻んでください。

⑤ これに頼らず、自分の目で自分の周りの世界をよく見て、いろいろなことを考えてください。

⑥ さまざまな時代やジャンルの音楽が聴ける便利な機能がついています。ぜひいろいろな音楽を聞いてみてください。

⑦ パズルや知能ゲームをしてください。

⑧ 約束を守れなければ、これは返してもらいます。
　 もう一度話し合いましょう。

両親との約束

1 　子供のころ、両親に「○○買って！！」と頼んだことがある人は多いと思

2 います。そんなときに「じゃあ……しなさい」などと約束させられませんで

3 したか。そんなときはどんな気持ちになりましたか。

4 　前のページに書いてあるのは、ある両親が12歳の子供に"あるもの"を

5 与えるときに子供と交わした約束です。

6 　①　これを学校に持って行ってはいけません。

7 　②　これを使って人をばかにしたり、顔を見て言えないことを伝え

8 　　　たりしてはいけません。

9 　③　悪ふざけをしている写真をこれでとったり送ったりしてはい

10 　　　けません。

11 　この3つで「<u>ⓐまた親のつまらない小言だな。</u>」と思う人もいるでしょう。

12 すべてに「〜てはいけません」があります。親の「〜てはいけません」が好

13 きな人はいないでしょう。

14 　実は、この約束は「スマートフォン」を与えるときに、ある両親が12歳

15 の子供にさせた約束です。素直にこの契約にサインをする子供は多くはない

16 でしょう。一方で、多くの親はこの約束を賞賛するようです。なぜかという

17 と、親は子供にスマートフォンを与えることに不安を感じているからです。

18 　②③で心配しているのはトラブルです。メールなどは会って話すよりも情

報量が少ないので、どうしても誤解を生みやすいです。また、本人を目の前 19

にしては言えないようなことも言えるような気になってしまいます。そうし 20

たことから大きなトラブルになることがあります。 21

　また、ネット空間の「非寛容性」も大きな問題です。メールや写真は、す 22

ぐにネット上に載せることができます。その情報はあっという間に世界中に 23

広がります。そして、一度インターネット上に載った情報は、載せた本人が 24

削除してもどこかに残っていて、半永久的に残ってしまうのです。軽い気 25

持ちで犯した過ちがネット上に消えることなく残ってしまう、これがここで 26

言う「ⓑ非寛容性」です。スマートフォンを持つことで、こうしたトラブル 27

がより身近になるのではないでしょうか。 28

　④　なんでも写真やビデオにとらないで、大切な場面は自分の心 29

　　　に刻んでください。 30

　⑤　これに頼らず、自分の目で周りの世界をよく見て、いろいろ 31

　　　なことを考えてください。 32

　④⑤で心配しているのは、日常生活をスマートフォンに奪われてしまうこ 33

とです。スマートフォンを使えば、時と場所を選ばずインターネットを使う 34

ことができるので、その世界に没入しがちです。ネット中毒、スマホ中毒は 35

大人にもあることで、子供なら、よりその危険性は高まるかもしれません。 36

　また、自分の頭で考えられなくなるのでは、という心配もあります。確か 37

に、何か疑問を持ったときに、調べる方法としてインターネットはとても便 38

利です。しかし、疑問に対して自分で思考し、答えにたどり着くことも非常 39

に大切なことです。いつもスマートフォンで調べてばかりだと、思考力が身 40

につかないのではないか、という不安を親たちは持っているのです。

この約束を賞賛する親が多いということは、こうした不安を抱いている親が多いということです。しかし、この約束を考えた両親は、スマートフォンを有害_{ゆうがい}なものとばかり考えていたわけではありません。

⑥　さまざまな時代やジャンルの音楽が聴ける便利な機能がついています。ぜひいろいろな音楽を聞いてみてください。

⑦　パズルや知能ゲームをしてください。

新しいテクノロジーにはさまざまな可能性があります。以前では考えられなかったような恩恵もあります。この両親は、それらをぜひわが子にも利用してほしいと考えているのでしょう。

この約束を考えた両親は不安を感じながらも、子供にスマートフォンを与えない、という選択はしませんでした。子供がまったくの時代遅れの人間になってしまっては、将来の可能性を狭_{せば}めてしまうかもしれませんし、新しいものを怖がっていては、子供ばかりでなく両親もまた、対象の本質_{ほんしつ}を理解することはできないでしょう。だからこそ、いろいろなことを言いながらも子供にスマートフォンを与えたのです。

⑧　約束を守れなければ、これは返してもらいます。もう一度話し合いましょう。

　ここで言っているのは、対象としっかり向き合って、物事の本質について 59
両親と一緒に考えていこうということです。 60

　こう考えると、結局一番大切なことは、スマートフォンを使うか使わない 61
かということではなく、子供が©こうした過程を経て、自分で物事について 62
考える能力を養っていくことなのではないでしょうか。この約束はそうした 63
ことも伝えてくれるのです。 64

読み物1　問題

❶．「ⓐまた親のつまらない小言だな」とありますが、だれがこの言葉を言いそうだと
筆者は考えていますか。答えを一つ選んでください。

  a　読者

  b　ある両親

  c　筆者自身

  d　12歳の子供

❷．「ⓑ非寛容性」は、ここではどんな意味ですか。答えを一つ選んでください。

  a　失敗を許さないこと

  b　情報がずっと残ること

  c　相手に厳しく接すること

  d　情報をすぐに広めること

❸．スマートフォンを子供に使わせることに、親はどんな不安を感じていると筆者は
言っていますか。本文中に書かれているものに○、書かれていないものに×を書い
てください。

  ①（　　　）　思考力が育たないこと

  ②（　　　）　漢字を書けなくなること

  ③（　　　）　犯罪に巻き込まれること

  ④（　　　）　どんな情報もすぐに広まってしまうこと

  ⑤（　　　）　親に何も言わずに買い物をしてしまうこと

  ⑥（　　　）　スマートフォンに時間を奪われてしまうこと

  ⑦（　　　）　コミュニケーション上のトラブルが起きること

❹．約束を考えた両親は不安を抱く一方で、スマートフォンのどんな機能を子供に使わせたいと思っていますか。＿＿＿に言葉を入れてください。

＿＿＿＿＿＿＿＿＿＿＿＿と＿＿＿＿＿＿＿＿＿＿＿＿

❺．「©こうした過程」とありますが、どんな過程ですか。本文から言葉を探して、35字で書いてください。

	い	く	過	程								

❻．筆者が言いたいことは何ですか。答えを一つ選んでください。

　　a　スマートフォンの使用についてだけでなく、親子の約束は守るべきだ。

　　b　将来のためにも、スマートフォンを使えるようにならなければならない。

　　c　スマートフォンに限らず、物事と向き合って思考力を養うことが大切だ。

　　d　いろいろと問題があるので、スマートフォンは子供に使わせてはいけない。

①　あなたはスマートフォンを持っていますか。持っている人は、スマートフォンで何をしていますか。

②　スマートフォンが普及したことで、個人・企業・社会はどんな影響を受けていると思いますか。

読み物2　IT 断食

　　パソコンやインターネットがオフィスでの仕事に欠かせないものになって、もう何年たっただろうか。80、90 年代に「情報化社会」と言われた社会は今や@「情報社会」になったと言える。「情報化時代」には、中高年の会社員が「パソコンを立ち上げてください[注1]」の意味さえわからず、若者に鼻で笑われながらも、必死でパソコンの使い方を覚えたという。現在のような「情報社会」では、パソコンが使えない人がオフィスで働くことは難しいだろう。

　　しかし、近年、企業の中にはこの IT と少し距離をとろうという取り組みをしているところもある。

　　IT を仕事の中で多用するようになって、問題になってきたことの一つは、単純なことだが、ⓑフェイス・トゥ・フェイスのコミュニケーションが減ってきたことだ。別に顔を見なくても連絡さえできればそれでいいと考える人もいるかもしれない。しかし、現実に仕事上のトラブルが増えたり、オフィスの雰囲気が沈んでしまったりしているというのだ。

　　原因の一つに挙げられるのが、E メールの中のカーボンコピー、いわゆる CC 機能の濫用だという。他の部署や社外の人に送る E メールを、CC 機能を使ってそのまま上司にも送ることで、上司に対する報告を済ませたことにしてしまう社員が増えているのだそうだ。部下からすれば、わざわざ上司の

注1）パソコンの電源を入れる（スイッチを入れる）という意味。

もとに出向く時間を短縮できるのかもしれないが、上司にすれば、他人に送ったメールを見せられただけで、その仕事の全体像を正確に把握することは難しい。そのため、部下に対して適切なアドバイスをすることも、中に潜むトラブルの芽を事前に摘み取ることもできないという状況に陥ってしまうというのだ。

　飲料メーカーのS社は、こうした問題を深刻に受け止め、EメールのCCを禁止し、受け取ったメールをそのまま転送することも禁止にした。さらに、毎週水曜日の12時から15時をパソコンやITの使用を禁止する時間、「プレミアムタイム」とすることも決めた。そこには、社内コミュニケーションを深めることはもちろん、パソコンでデザインにばかりこだわって中身の薄い資料を作ってしまうことを何とかしたいという意図もあった。少しパソコンを離れて、考えを深めてほしいというのだ。同社では制度の導入直後、社内から戸惑いと反発の声が多く生まれたものの、次第に部署の垣根を越えたコミュニケーションや、現場に足を運ぶ機会が増え、職場の活性化とトラブルの減少につながったという。

[ⓒ]IT 企業の中にも、同様の取り組みをしている企業がある。ソフトウェア開発の D 社は S 社と同じように E メールの CC を禁止にしたほか、会議へのパソコンやスマートフォンの持ち込み、会議資料をパワーポイント^{注2)}で作ることも禁止した。さらには、営業社員に貸与していたパソコンを取り上げるということまで行った。パソコンが必要な作業は専門の部署に任せるという制度だ。もちろんこの企業でも反発は多かった。IT 企業なのに社員にパソコンを使わせないというのはどういうことなのか、と。しかし、パソコン撤去後、営業の訪問件数が増えたことで契約件数も大幅に増え、売り上げ見込みも当初の 3 倍以上と、わずか半年で大きな成果があがったのである。

　同様の取り組みをする企業は他にもある。家庭用プラスチック製品を製造、販売している I 社も個人のデスクからパソコンを撤去した。デスクにはパソコンを置かず、パソコンはそこから少し離れた場所にまとめて置くことにしたのである。デスクではアイデアを練り、まとめる。そのまとまったものを、パソコンを使って資料にするというわけだ。「考える場」と「作業する場」を分けることで、「考える」ことの質を上げようという取り組みである。商品企画部ではネット上の情報と距離をとり、しっかり自分たちの頭で考えることで[ⓓ]同業他社との差別化ができ、売り上げに占める新商品の割合を 10%増やすことができたそうだ。

　[ⓔ]こうした取り組みや、それによる成果は何を意味しているのだろうか。

　IT ほど、急速に、そして大幅に社会を変えてしまった技術はない。確かに IT は社会に大きな恩恵をもたらした。しかし、その技術にみんなが必死

注2)　プレゼンテーション用のソフト。PowerPoint® は、米国 Microsoft Corporation の、米国およびその他の国における登録商標です。

になって乗り、追いかけてきた結果、社会のあちこちで思わぬ問題が生じて 55
きているのも事実である。 56

　IT がもたらすマイナス面をできるかぎり取り除き、どうすればそこから 57
さらなる恩恵を引き出すことができるのか。人々は IT との新たな向き合い 58
方を考えはじめている。 59

　そして、そうした試みの一例が、ここに挙げた「⒡IT 断食」なのである。 60

問題

❶. 「⁽ᵃ⁾『情報社会』になった」とは、ここではどんなことだと考えられますか。答え
を一つ選んでください。

　　　a　情報が信じられる社会になったということ

　　　b　情報技術が十分に社会に広がったということ

　　　c　情報技術が社会に普及しつつあるということ

　　　d　情報が多すぎて整理できなくなったということ

❷. 「⁽ᵇ⁾フェイス・トゥ・フェイスのコミュニケーションが減ってきた」とありますが、
それはどうしてだと筆者は言っていますか。答えを一つ選んでください。

　　　a　上司に報告や相談をしたがらない部下が増えたから

　　　b　EメールのCC機能を日常的に使うようになったから

　　　c　若い社員同士や上司と部下とのトラブルが起こりやすくなったから

　　　d　フェイス・トゥ・フェイスのコミュニケーションが苦手な社員が増えたから

❸. 「⁽ᶜ⁾IT企業の中にも、同様の取り組みをしている企業がある」とありますが、この
企業では取り組みの結果どうなりましたか。答えを一つ選んでください。

　　　a　会議資料の作成時間が短縮された。

　　　b　営業部門と他部署との対立がなくなった。

　　　c　パソコンの数が減って、会社の使うお金が減った。

　　　d　客とのコミュニケーションが増え、売り上げも上がった。

❹．「⒟同業他社との差別化ができ」とありますが、どうしてこれができたと筆者は言っ

ていますか。答えを一つ選んでください。

  a 以前より商品の品質（ひんしつ）がよくなったから

  b ネットでよく調べて他社と違うものを作ったから

  c アイデアを練ることに集中する場所と時間ができたから

  d 社員同士がネット上で情報を共有（きょうゆう）できるようになったから

❺．「⒠こうした取り組みや、それによる成果は何を意味しているのだろうか」とあり

ますが、何を意味していると筆者は言っていますか。答えを一つ選んでください。

  a IT が社会を完全に変えてしまったということ

  b IT によって救われる人が大勢いるということ

  c IT は積極的に使わなければならないということ

  d IT は使えばいいというわけではないということ

❻．「⒡IT 断食」とはどんなことですか。本文の言葉を使って、25 字で書いてください。

						を	と	っ	て				
					考	え	る	こ	と				

₂₅

発 展

① IT 機器が使えなくなったときに、あなたがいちばん困ることは何ですか。

② あなたが考える IT のいい点、悪い点を挙げてください。

③ _____

インターネットは誰の発明？

「電球の発明者は？」と聞かれると、トーマス・アルバ・エジソンと答えられる人は多いと思います。また、飛行機の発明者、ライト兄弟もよく知られているでしょう。それから、電話の発明者、アレクサンダー・グラハム・ベルも聞いたことがある人は多いでしょう。では、インターネットの発明者というと？

実は、インターネットは誰が発明したとはなかなか言えないようです。ですが、インターネットが爆発的に普及するきっかけとなる技術を開発した人といえば、ティム・バーナーズ=リーであると言われています。この人が作った「World Wide Web」というシステムは、インターネット上にある情報が相互参照可能になる、つまり情報と情報をつなげるものでした。この技術により利便性が格段に向上し、インターネットの普及が進んだと言われています。

インターネットの普及に大いに貢献した技術を開発したことにより、ティム・バーナーズ=リーはさぞや大儲けをしただろうと思うかもしれませんが、実はそうではありません。社会全体の発展のためにということで、彼はこの技術を無償で公開しました。そういうわけで、使用料などはまったくバーナーズ=リーの財布には入っていないのです。

これがもし有料になっていたら、今の社会はどうなっていたでしょうね。

ティム・バーナーズ=リー
（1955〜　イギリス）

05

ゲーム

読み物1　京都から世界へ

飛躍のきっかけになったトランプ

1　　ゲームファンのみならず、世界中でその名を知られ、日本を代表する企業

2　のひとつである任天堂。しかしそれが今から 100 年以上前の明治時代、1889

3　年創業の京都で花札（日本の伝統的なカードゲーム）を製造する中小企業に

4　すぎなかったことを知る人は、多くないかもしれない。

5　　京都の地方企業であった任天堂が飛躍する最初のきっかけとなったのは、

6　1902 年に国産初のトランプの製造・販売を始めたことだった。同じ京都を

7　拠点とするたばこ会社が持つ流通網を、たばことトランプのサイズがほぼ同

8　じであることから利用させてもらい、全国での販売に成功したのである。

9　　任天堂のトランプ事業は戦後になって、さらなる飛躍を遂げることにな

10　る。1959 年にはアメリカのウォルト・ディズニー社と交渉して、ミッキー

11　マウスなどのキャラクターを日本で使用する権利を獲得し、それを印刷した

12　『ディズニートランプ』を発売する。『ディズニートランプ』は発売から 1 年

13　で、60 万箱という売り上げを記録することになった。

「大卒理工系社員」の採用、そして世界有数のゲームメーカーへ

　1965 年、横井軍平という一人の青年が任天堂に入社する。大学でエレクトロニクスを専攻した、任天堂で初めての大卒理工系社員だった。彼は入社すると、トランプや花札を製造する機械のメンテナンスを行う仕事を任される。しかしこれがとても退屈な仕事だったため、会社にあった機械を使っていろいろな玩具をつくって遊んでいたところ、その一つが社長の目にとまり、『ウルトラハンド』という商品名で発売される。するとこれが大ヒット。社長直属の部署として新設された開発部に入った横井は、彼の専門であるエレクトロニクスを活かした玩具の開発に取り組み始め、1980 年には『ゲーム＆ウォッチ』の発売へと至る。

　任天堂はそれ以降、『ファミリーコンピュータ（1983 年）』『ゲームボーイ（1989 年）』『スーパーファミコン（1990 年）』『ニンテンドー DS（2004 年）』『Wii（2006 年）』『Nintendo Switch（2017 年）』などなどの家庭用、携帯型ゲーム機を発売するとともに、『スーパーマリオブラザーズ（1986 年）』や『ポケットモンスター（1996 年）』など、普段ゲームをやらない人でも知っているようなキャラクターが登場するゲームソフトを生み出し、世界有数のゲームメーカーへと成長したのである。

ソフト体質で驚きを生む

　1949年から2002年まで、半世紀以上にわたって社長を務めた山内溥は「私たちのビジネスはソフトとハードが一体型のビジネスなんです。だからハードを知らずして、ソフトを知ることはできない。知ったうえでどこに主眼を置くか。つまり、例えて言えば、ソニーはハードが主、ソフトが従、そういう路線です。任天堂はソフトが主、ハードが従」（井上理『任天堂"驚き"を生む方程式』日本経済新聞出版社）と語り、次の社長を選ぶときにも、ソフト体質を持っているかどうかを重視したという。そして次の社長となった岩田聡は、「僕らはお客さんが驚いたり、喜んでくれたりという、たぶんこの上ない、最高のご褒美を頂戴して、それをエネルギーにしている」（前掲書）と語る。

　任天堂の長い歴史の中では、他の事業に手を出して、経営が危ない状況になることも、実は過去には何度かあった。しかし、そういう失敗があったからこそ、ゲームという娯楽に集中し、ソフトを重視するという経営姿勢が生まれたのだとも言える。

　任天堂は私たちに、今度はどんな驚きをもたらしてくれるのだろうか。

 読み物 **1** ## 問題

❶．「任天堂のトランプ」について、本文の内容と合うものに〇、合わないものに×を
書いてください。

    ① （　　　）　花札とともに、任天堂の創業当時から製造されていた。

    ② （　　　）　全国規模の販売を実現した、最初の国産トランプになった。

    ③ （　　　）　『ディズニートランプ』が発売されたのは、1902 年である。

    ④ （　　　）　『ディズニートランプ』は発売から 1 年で、60 万箱売れた。

    ⑤ （　　　）　横井軍平が入社したときには、もう製造されていなかった。

❷．「横井軍平」について、本文の内容と合うものに〇、合わないものに×を書いてく
ださい。

    ① （　　　）　任天堂初の、エレクトロニクスを専攻した大卒社員だった。

    ② （　　　）　入社後はトランプや花札を製造する仕事を任されていた。

    ③ （　　　）　会社にはほとんど来ないで、玩具をつくって遊んでいた。

    ④ （　　　）　社長には何も言わずに、『ウルトラハンド』を発売した。

    ⑤ （　　　）　自身の専門知識を活かして、『ゲーム＆ウォッチ』を開発した。

❸．A～F の出来事を、時代の古い順に並べてください。

    A　山内溥が社長になる。

    B　岩田聡が社長になる。

    C　『ニンテンドー DS』が発売される。

    D　『スーパーファミコン』が発売される。

    E　『ポケットモンスター』が発売される。

    F　『スーパーマリオブラザーズ』が発売される。

      <u>　A　</u> → <u>　　　</u> → <u>　　　</u> → <u>　　　</u> → <u>　　　</u> → <u>　　　</u>

❹. 山内溥はソフトとハードについて、どう考えていましたか。答えを一つ選んでくだ
さい。

    a　どちらも同じように重視するべきだ。

    b　ソフトよりもハードを重視するべきだ。

    c　ハードよりもソフトを重視するべきだ。

    d　お客さんが喜ぶほうを重視するべきだ。

❺. 筆者は任天堂について、どう思っていますか。答えを一つ選んでください。

    a　これからも他の事業に手を出して、エネルギーにしてほしい。

    b　これからは他の事業に手を出さず、ゲームに集中してほしい。

    c　これからも私たちが驚くようなゲームを発売してほしい。

    d　これからはゲーム以外でも、わたしたちを驚かせてほしい。

① あなたはゲームをしますか。

② あなたは「京都」について、どんなイメージを持っていますか。

小中学生のゲーム事情

【1日のゲーム時間】

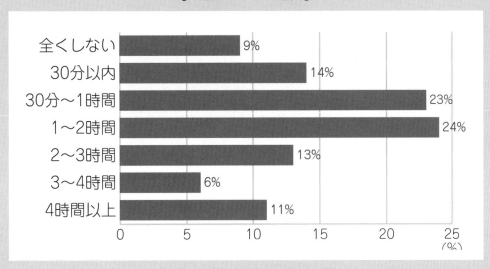

全くしない	9%
30分以内	14%
30分〜1時間	23%
1〜2時間	24%
2〜3時間	13%
3〜4時間	6%
4時間以上	11%

【家族と決めているルール】

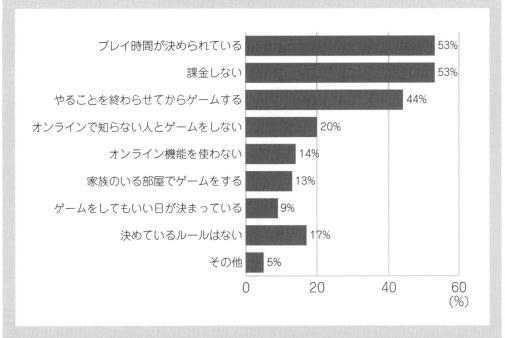

プレイ時間が決められている	53%
課金しない	53%
やることを終わらせてからゲームする	44%
オンラインで知らない人とゲームをしない	20%
オンライン機能を使わない	14%
家族のいる部屋でゲームをする	13%
ゲームをしてもいい日が決まっている	9%
決めているルールはない	17%
その他	5%

（ニフティキッズ「みんなのホンネ 調査レポート　ゲームについて」
（https://kids.nifty.com/research/20220902game/）をもとに作成）

読み物2 プロゲーマーは
つらいよ？

1 　ソニーや任天堂などの企業を擁し、ゲーム先進国といえる日本であるが、

2 一部のゲームを利用した、近年世界的な人気となっているeスポーツを見て

3 みると、本場のアメリカはもちろん、近隣のアジア諸国と比べてみても、そ

4 の盛り上がりは今一つという印象がある。

5 　その競技人口は世界で1億3千万人と推定され、テニスの競技人口を超え

6 るとされるeスポーツだが、日本人プロゲーマーの数は約200人。アメリカ

7 が約1万人、中国・韓国は約3,000人であることを考えると、かなり少ない

8 ことが分かる。

9 　なぜ日本人プロゲーマーが少ないのか。『ゲームは人生の役に立つ』の著

10 書がある小幡和輝によると、以下のような理由が考えられるという。

11 　①大会の開催が法律的に難しい

12 　　日本では偶然の勝敗のあるゲームにお金を賭けることができないこと

13 　　に加え、参加費を集めて優勝者に賞金を分配する形での大会は「お金

14 　　を賭ける行為」に当たるため、原則として開催できない。

15 　②「ゲーム＝悪」という考えが今も強い

16 　　日本では「ゲーム＝悪」という考えが今も強く、「ゲームばかりして

17 　　いると頭が悪くなる」と考える親や、ゲームと犯罪を結び付けようと

するマスコミ報道は今も少なくない。

③世界で人気のゲームがあまり知られていない

　世界で人気があって賞金がたくさん出ているゲーム、たとえばフォートナイト(登録プレイヤー2億人)やリーグオブレジェンド(同1億人)など、世界中が熱狂しているゲームの知名度が日本ではかなり低い。

　海外に比べて人数が少ないとはいえ、今現在活動している日本人プロゲーマーたちは、どうやって生計を立てているのだろうか。小幡はプロゲーマーの収入源として、以下の6つを挙げている。

①大会の獲得賞金

②所属するチームからの給料

③企業とのスポンサー契約料

④YouTubeなど動画配信による広告収入

⑤イベント出演や書籍出版

⑥ゲームトレーナーとしてのレッスン料

小幡によると、日本人プロゲーマーで特に多い収入モデルが③のスポンサー契約料と④の広告収入だという。人気ゲーマーになれば、企業の宣伝役としてスポンサーがつくことは珍しくないし、YouTuber としてゲーム動画を投稿し、広告収入を得ているケースも多い。また最近では、ゲームトレーナー（ゲームを教える人）として活躍しているプロゲーマーも増えている。大会に出るだけではなく、いろいろな収入源を持っていることも、プロゲーマーとして活動する上では重要だと、小幡は言う。

こうして見ると、収入源は意外に少なくないプロゲーマーだが、収入額には大きな差があるのが現実だ。小幡の推定では、日本人プロゲーマーの平均年収は 400 万円といったところだが、日本で行われた大会で優勝賞金の 1 億円を獲得した日本人プレイヤーがいる一方で、所属するチームの給料が月 2 〜 3 万円程度というプロゲーマーも存在する。

　以上のように、決して甘くはない日本のeスポーツ界だが、それを[ⓐ]<u>より</u>　　　44
<u>よいものにしていこうという動き</u>も出てきている。　　　45

　2018年には、eスポーツ大会の開催やプロライセンスの発行を目的とした　　　46
「日本eスポーツ連合」が発足し、プロゲーマーの職業的安定に役立つこと　　　47
が期待されている。　　　48

　また、国内の教育機関が充実してきていることも見逃せない。プロゲーマー　　　49
を目指すカリキュラム以外にも、ゲーム実況、大会を運営するためのイベン　　　50
トプランニングなど、eスポーツに関わることを学ぶことができる設備、カ　　　51
リキュラムの整った学科が開設している。　　　52

　eスポーツ強豪国の韓国では、子どもが将来なりたい職業のベスト3にプ　　　53
ロゲーマーが入っているそうだ。日本でも、韓国やアメリカのようにeスポー　　　54
ツが全国的に盛り上がり、プロゲーマーが子どもたちのあこがれの的になる　　　55
日が、はたして来るのだろうか。　　　56

（参考 :「小幡和輝オフィシャルブログ」https://www.obatakazuki.com/esports-player-reality)

❶.「ゲーム」について、本文の内容と合うものに○、合わないものに×を書いてください。

    ① （　　　）　世界で約1億3千万の人たちが楽しんでいる。

    ② （　　　）　世界では人生の役に立つと考える人が多い。

    ③ （　　　）　日本では子どもに悪影響を与えると考える親が少なくない。

    ④ （　　　）　世界中が熱狂しているのに、日本では知名度の低いものがある。

    ⑤ （　　　）　アメリカでは子どもが将来なりたい職業の中にプロゲーマーが入っている。

❷.「日本人プロゲーマー」について、本文の内容と合うものに○、合わないものに×を書いてください。

    ① （　　　）　人数は韓国のプロゲーマーの1割以下だ。

    ② （　　　）　イベントに呼ばれて収入を得ている人もいる。

    ③ （　　　）　全員に企業のスポンサーがついている。

    ④ （　　　）　ゲームを教える仕事をする人が増えている。

    ⑤ （　　　）　専門の教育機関を卒業しないと、なれない。

❸.小幡和輝は、プロゲーマーに重要なことは何だと言っていますか。答えを一つ選んでください。

    a　法律をきちんと守ること

    b　スポンサーを見つけること

    c　いろいろな収入源を持つこと

    d　ゲームを教えられるようになること

❹.「⑧<u>よりよいものにしていこうという動き</u>」とありますが、どんなことが紹介され
ていますか。本文から言葉を探して、二つ書いてください。（各18字）

														し
た	こ	と												

18

	こ	と												

18

❺.筆者は日本のeスポーツの将来について、どう思っていますか。答えを一つ選んで
ください。

　　　a　人気が出る可能性は、まったくない。

　　　b　人気が出るかどうかは、わからない。

　　　c　人気が出るまで、時間がかかるだろう。

　　　d　人気が出るまで、時間はかからないだろう。

発　展

①　あなたは、「eスポーツ」はスポーツだと思いますか。

②　あなたがよくするスポーツ、よく見るスポーツは何ですか。

③ ＿＿＿＿＿＿＿＿＿＿＿＿＿＿＿＿＿＿＿＿＿＿＿＿＿＿＿＿＿＿＿

ゲーム障害

　あなたはスマートフォンなどでゲームをつい夜遅くまでやってしまい、次の日すごく眠かったとか、寝坊して授業に遅刻してしまったというようなことはありませんか。

　こういうことが『ときどき』ではなく、ゲームのやりすぎで学校に行けなくなるなどの問題が長期間続く場合、それは病気であると、WHO（世界保健機関）が認定しました。その病名は『ゲーム障害』。日本では『ゲーム依存症』とも呼ばれ、それを治すには医学的な治療が不可欠であるとされました。

　ゲーム障害と診断されるのは、▽ゲームをする時間の長さや時間帯などを自分でコントロールできない▽ゲーム以外の出来事や関心事への優先度が低くなる▽日常生活に問題が生じてもゲームを優先する、といった状態が12か月以上続いた場合。ただし症状が重ければ、12か月より短い期間でもゲーム障害と診断されることもあります。

　もしもあなたが毎日の生活にゲームが欠かせず、常にゲームのことばかり考えているというのなら、一度『ゲーム障害』を疑ってみるのもいいのかもしれません。

06

Kawaii

読み物1　世界共通語となった「カワイイ」

世界語化した「KAWAII」

1　「『カワイイ』って言葉知ってる？」

2　世界じゅうの若い女性にそう質問を投げかけたとき、「はい」「も

3　ちろん！」と答える彼女たちに共通の反応(はんのう)がある。それは心の底

4　からうれしそうな表情を浮かべることだ。イタリア、フランス、

5　スペイン、タイ……世界のさまざまな場所で、この質問を投げか

6　けてきたが、場所によって変わることはなかった。

7　「カワイイ」という日本語が世界語化している。女性を中心にし

8　た若者(わかもの)のあいだでは、すでに翻訳の必要がまったくない言葉にな

9　りつつある。[a]「KAWAII」とアルファベット表記(ひょうき)したほうがよい

10　のかもしれない。

11　21世紀に入って世界的にもっとも広がった日本語は、まちがい

12　なく「カワイイ」だろう。

キティはカワイイの象徴(しょうちょう)

13　「カワイイを象徴するキャラクターは何か？」という問いをカワイイに生き

14　る女子たちに投げかけたとき、世界で一位になるのはキティだろう。

ハローキティが世に登場したのは、1974年である。キティは35年ものあいだ、なぜその圧倒的なブランド力を保ちつづけられたのだろうか。

「カワイイんですけれど、キティには口がなくて表情がないですよね。だからこそ、女の子がそのときの気分で感情移入しやすく、想像力が広がるんです。ⓑ自分だけのキティの物語ができるんですね」

　小さいころからキティを愛してやまないファンの一人がこんなふうに語ってくれたが、似たような意見は、世界のいたるところで女子たちから耳にする。

「デザイン的にも、すごくよくできていると思うんです。二頭身で顔が大きく、顔、体ともに単純で、一回見たら忘れないデザインです。二次元でなく、立体的になってもコロンとしていてカワイくて、キティの顔を見ているだけで癒されるんです」

「耳についたリボンも大事です。キティちゃんの象徴みたいなシンボル的マークなんです。キティのリボンは、女の子の象徴、カワイイの象徴になっていると思います。リボンの形を見ただけでキティちゃんとわかるほど、キティ＝リボンですから」

　海外でキティグッズを扱っているショップの店員に売れ行きを聞くと、とてもよく売れているという答えが返ってくる。だからこそキティグッズ専門ショップができるわけだが、カワイイに生きる人たちと話すにつれ、「キティ＝カワイイ」という公式が行きわたっていることに気がつく。

　ⓒ世界の女子の価値観に「カワイイ」が大きな影響を与えるにつれ、それがまた、キティという存在を世界に広めていくことになるのだろう。

（櫻井孝昌『世界カワイイ革命』PHP新書より）

読み物1 問題

❶. 「キティ」について、本文の内容と合うものに○、合わないものに×を書いてください。

① （　　　）　世界的に知られるようになったのは 21 世紀に入ってからである。

② （　　　）　すべての女性にとって「カワイイ」を象徴する存在になっている。

③ （　　　）　二次元よりも、立体的なほうがカワイイと考えるファンもいる。

④ （　　　）　耳についたリボンを見ただけで、キティだと分かるファンもいる。

⑤ （　　　）　キティグッズ専門ショップの店員は全員、キティのファンである。

❷. 「ⓐ『KAWAII』とアルファベット表記したほうがよいのかもしれない」と筆者が考えているのはどうしてですか。本文から言葉を探して、10 字で書いてください。

								か	ら
₁₀

❸. 「ⓑ自分だけのキティの物語ができる」とありますが、どうしてそのようなことができるのですか。本文から言葉を探して、17 字で書いてください。

か	ら															
₁₇

❹. 「キティのリボン」が象徴するものに<u>含まれないもの</u>はどれですか。答えを一つ選

んでください。

     a   キティ

     b   女の子

     c   カワイイ

     d   キティグッズ

❺. 「[ⓓ]<u>世界の女子の価値観に『カワイイ』が大きな影響を与えるにつれ、それがまた、</u>

<u>キティという存在を世界に広めていくことになるのだろう</u>」とありますが、筆者は

どうして、そう考えていますか。本文から言葉を探して、書いてください。

_____から

① あなたはキティを知っていましたか。また、どんな印象を持っていますか。

② 「読み物2」のタイトルは「ミッキーマウス vs. キティ」です。タイトル

から内容を予想してみましょう。

読み物2 ミッキーマウス vs. キティ

世界に支持されるがことごとく違う両者

1 　孫や娘の世代が心惹かれるのはよくわかる。だが、僕の年代の女性からも

2 支持されるキャラクターとは、いったい何なのか。不思議でならないのがミッ

3 キーマウスだ。出自やら何やらを語るのは、ファンの間では野暮な話以外の

4 何物でもない。だから僕も語るつもりはないのだが、間違いなく言えること

5 はある。それは、⒜ミッキーマウスは象徴だということだ。

6 　　オールドアメリカンの象徴。勧善懲悪、健康的、ファミリーオリエンテッ

7 ド注1)。活発で饒舌で、たくさんの仲間に囲まれた人気者。そして、ディズニー

8 ブランドの象徴、つまりアメリカンコマーシャリズムの象徴。ミッキーマウ

9 スは、100年以上に及ぶグローバル化の流れのなかで、その姿を確実に変え

10 てきた。モノクロからカラーへ。卵形の目から自然な目へ。細い顔から丸い

11 顔へ。これは僕の持論だが、グローバルになるとものは丸くなるのだ。その

12 意味では、変化する世界の象徴とも言える。

13 　　一方、日本にも世界の人を虜にしているキャラクターが存在する。それが

14 キティだ。面白いのは、同じ愛されるキャラクターでありながら、ことごと

15 くミッキーマウスとは違う、ということである。

16 　　何かの象徴、というものがほとんど思い浮かばない。日本の象徴というわ

注1）家族志向。家族を大切にすること。

けでもないし、所属するサンリオ^{注2)}の象徴というわけでもない。しかも、その姿は生まれて30年以上、ほとんど変わっていない。ミッキーマウスが映画のヒーローだったのに対し、キティの映画は、ほとんどの人の記憶にはない。

日本人が目指すべきはキティなのか

　その容姿とて、いつもニコニコと動き回るミッキーマウスとは大きく異なる。無口な印象は、何しろ口がないのだから当たり前だ。手足もずんぐりして、いかにも不器用である。それなのに、というより、それだからこそ、キティは人々から愛されている。あの姿だからこそ人々は持ち歩くものにキティをぶら下げたりするのだ。

　そんなキティに対して、敢えて象徴を求めるとすれば、日本が世界に誇るコンセプト "kawaii" の象徴か。この "kawaii" というコンセプトの意味は、極めて曖昧模糊^{注3)}としている。範疇が広く、なんだかよくわからない。いろんな美学を内包している。そして⑥キティはそれを、さらに後押しする。口がないキティは、まさに「沈黙は金」を体現しているのだ。

　ミッキーマウスを対極として据えるなら、そもそもキティのベースとなっているネコは、本来、悪役のキャラクターである。アニメなどさまざまなコンテンツを見ても、ネコは狡猾さの象徴として捉えられていたりする。だが、キティはそうはならない。ⓒなぜなのか。しかも日本に対して厳しい見方の国でも、キティはメイドインジャパンのキャラクターであるにもかかわらず、熱狂的な支持を得ている。

注2) キティのほかにも、いろいろなキャラクタービジネスを行っている会社。
注3) はっきりしない様子。

ここから日本が学べることがある。キティこそ日本人が目指すべき道だ、ということだ。日本人は意識してキティになるべきなのだ。なぜ、キティはネコでありながら狡猾さの象徴にならないのか。それは、口がないから、これみよがし[注4]に主張しないからである。なぜ、世界の人は自然に受け入れるのか。それは"kawaii"からである。流暢な英語が話せなくても、凹凸のある顔でなくても、行動がスマートでなくてもいいのだ。もっと普通で、自然体で、人間らしく、愛らしくあればいいのである。

　　実は思い当たる経験が僕にもあった。僕は、国際会議の場やディベートの場が大好きな珍しい日本人なのだが、ある時、移動であまりに疲労困憊し、電話会議中にウトウトして[注5]しまった。予想外だったのは、その後の周りの反応である。ミスター出井も[d]「かわいい」ところがあるじゃないか、と言われたのだ。その後、僕にとってその会議は極めて心地のいい場所になった。

　　日本人には、キティのような平和キャラが合っている。無理してアメリカンヒーローになる必要はない。だが、グローバル化が進む中では、さすがにそれだけでは済まなくなっているのも事実だ。

　　そこで僕がお薦めしたいのは、[e]キティをかぶったミッキーマウスになることだ。中身はミッキーマウスを目指す。しかし、外からはキティに見える。これぞ日本が目指す最強の道である。キティな経営者も、ミッキーマウスな政治家も、ぜひ参考にしてほしい。そんな対極である。

（出井伸之『対極を愉しむ』ゲーテ web より）

注4）「これを見て」と自慢するように。

注5）浅く寝ている様子。（座ったまま寝ているときなどによく使われる）

 読み物2 **問題**

❶. 「⌐ⓐミッキーマウスは象徴だ」と筆者は言っていますが、ミッキーマウスが象徴し

てきたものに**含まれないもの**はどれですか。答えを一つ選んでください。

    a   丸い顔

    b   勧善懲悪

    c   ディズニー

    d   グローバル化

❷. 「⌐ⓑキティはそれを、さらに後押しする」とありますが、次の（1）（2）に答えてく

ださい。

（1） 「それ」が指すのはどんなことですか。答えを一つ選んでください。

    a   "kawaii" という言葉を広めること

    b   "kawaii" を象徴する存在になること

    c   "kawaii" の意味がはっきりしないこと

    d   "kawaii" の対極にミッキーマウスを置くこと

（2） 「キティはそれを、さらに後押しする」のは、どうしてだと筆者は言っています

か。本文から言葉を探して、6字で書いてください。

				か	ら

❸．「ⓒなぜなのか」は、ここではどんな意味ですか。答えを一つ選んでください。

　　　　a　なぜキティは狡猾さの象徴にならないのか。

　　　　b　なぜネコは悪役のキャラクターにされるのか。

　　　　c　なぜキティの対極にミッキーマウスを据えるのか。

　　　　d　なぜキティは日本に厳しい国でも支持されるのか。

❹．「ⓓ『かわいい』ところがあるじゃないか」とありますが、この「かわいい」は、ここではどんな意味で使われていますか。いちばん近いものを選んでください。

　　　　a　珍しい

　　　　b　予想外な

　　　　c　スマートな

　　　　d　人間らしい

❺．「ⓔキティをかぶったミッキーマウスになること」というのはどんな意味ですか。本文の言葉を使って、20字で書いてください。

		的	だ	が					な	性	格	も	備
え	持	つ	こ	と									

20

発　展

①　あなたが「かわいい（kawaii）」と思うものは、何ですか。

②　あなたがはじめて覚えた日本語は、何ですか。

③　＿＿＿＿＿＿＿＿＿＿＿＿＿＿＿＿＿＿＿＿＿＿＿＿＿＿＿＿

日本語学習者のための

読解厳選テーマ10 [中上級] 10

改訂第2版

【解答例】

01 働かない働きアリ？

 読み物1 アリとキリギリス

❶ b

❷ 勤労愛好

❸ 食料の在庫が底をつく

❹ c

❺ おじいさんアリは勤労愛好という信念を
持っているが、現実はあと数十年を踊り暮
しても、食料がなくなりそうにはないとい
う意味。

読み物2 働かないアリにも働き

❶ 働くアリと働かないアリを見分けるため

❷ d

❸ a

❹ a

❺ 突然巣に敵が侵入してくるなどの不測の事
態

❻ c

02 血液型

 読み物1 血液型占いは当たる？

❶ d

❷ c

❸ c

❹ a

❺ 物事を楽しむ余裕の無い人

読み物2 血液型で判断してもよいのか

❶ (1) 誰にでも当てはまるようなあいまいな
内容を「自分に当てはまる」と思い込
む現象

(2) ①×　②○　③×　④○　⑤×

❷ c

❸ (1) 血液型による差別

(2) ・大手家電メーカーがユニークな商品
を開発しようとAB型の社員を集め
たプロジェクトチームを作った。

・幼稚園で血液型別のクラス編成をし
た。

・企業の採用面接で特定の血液型は採
用しないと言われた。

❹ 血液型性格判断は偽科学であり、差別につ
ながるものだから、それが信じられている
のは深刻な問題だ。

03 言葉の意味

 読み物1 私の言葉で辞書を編む

❶ ①×　②○　③×　④○　⑤○

❷ c

❸ 編者の個性が透けて見える語釈を収録して
いる点

❹ ①×　②×　③×　④○　⑤○

❺ b

読み物2 「情けは人のためならず」の意味

❶ 思いやり

❷ b

❸ 間違えて理解している人　51.6%

正しく理解している人　45.8%

意味が分からない人　2.6%

ただし、年代によって結果に差がある。

❹ a

❺ c

04 IT社会

 読み物1　両親との約束

❶　a

❷　b

❸　①○　②×　③×　④○　⑤×　⑥○
　　⑦○

❹　音楽機能と知能ゲーム（パズル）

❺　対象としっかり向き合って、物事の本質に
　　ついて両親と一緒に考えていく過程

❻　c

 読み物2　IT断食

❶　b

❷　b

❸　d

❹　c

❺　d

❻　ITと少し距離をとって新たな向き合い方
　　を考えること

05 ゲーム

 読み物1　京都から世界へ

❶　①×　②○　③×　④○　⑤×

❷　①○　②×　③×　④×　⑤○

❸　A→F→D→E→B→C

❹　c

❺　c

読み物2　プロゲーマーはつらいよ？

❶　①×　②×　③○　④○　⑤×

❷　①○　②○　③×　④○　⑤×

❸　c

❹　•「日本eスポーツ連合」が発足したこと

・国内の教育機関が充実してきていること

❺　b

06 Kawaii

 読み物1　世界共通語となった「カワイイ」

❶　①×　②×　③×　④○　⑤×

❷　世界語化しているから

❸　キティには口がなくて表情がないから

❹　d

❺　「キティ＝カワイイ」という公式が行きわ
　　たっているから

 読み物2　ミッキーマウス vs. キティ

❶　a

❷　（1）　c
　　（2）　口がないから

❸　a

❹　d

❺　平和的だが活発で饒舌な性格も備え持つこ
　　と

07 消費の行方

 読み物1　若者のクルマ離れ

❶　①○　②×　③○　④×　⑤×

❷　a

❸　必要以上にまわりの同世代がどんな消費行
　　動をしているのかを気にして、思い切った
　　消費には踏み切れない状況になっている。

❹　b

❺　d

読み物2　これからの消費

❶　c

❷ 人や社会、環境に配慮した消費行動

❸ ①× ②× ③〇 ④〇 ⑤〇

❹ c

❺ ①2020　②コロナウィルス感染症
③生活様式　④3密　⑤軽率な
⑥真剣に　⑦消費　⑧エシカル消費

08 いじめ

読み物❶　いじめられている君へ

❶ ①〇 ②× ③× ④〇 ⑤×

❷ a

❸ 理由も聞いてもらえず、叱られた

❹ d

❺ d

❻ d

読み物❷　なぜクラス全員が加害者になるのか

❶ ・大人に発覚するのを防ぐため。
・自らの罪悪感を薄め、悪を正義に変えるため。

❷ c

❸ b

❹ d

❺ 現代の子ども社会のいじめの残酷さ、陰湿さ、悪質さを理解することが必要だと言っている。

09 子どもの名前

読み物❶　個性はルールを守ってこそ

❶ a

❷ 病院で
学校で
就職活動のとき

❸ b

❹ c

❺ d

読み物❷　名前に込められた親の願い

❶ d

❷ 名付け事典にあるその時現在の流行の名前を参考にしつつ、少しずらすことで、今風かつ個性的な名前を付けられるようになった。

❸ c

❹ c

❺ b

10 高齢化のなかで

読み物❶　80歳で3度目のエベレストへ

❶ ①× ②〇 ③× ④〇 ⑤×

❷ c

❸ 病気やケガ

❹ d

❺ プラス思考で考える

❻ d

読み物❷　老人力

❶ 老人ならではの数多くの経験と知恵でもって、若者や社会を導く力

❷ a

❸ a

❹ c

❺ ①記憶力／体力　②体力／記憶力
③老人力　④ポジティブ　⑤生きて

知識のサプリ

留学生が選ぶ
「かわいいキャラクター」ランキング

＊提示した10種について調査（2023年調査）
＊都内日本語学校在籍の留学生（男性53人　女性38人）に調査

	全体
1位	ピカチュウ
2位	トトロ
3位	ドラえもん
4位	スヌーピー
5位	ハローキティ ミッキーマウス
7位	くまのプーさん
8位	ムーミン
9位	マリオ
10位	アンパンマン

	男性
1位	ピカチュウ
2位	トトロ
3位	ドラえもん
4位	スヌーピー
5位	ミッキーマウス
6位	くまのプーさん
7位	ハローキティ
8位	ムーミン マリオ
10位	アンパンマン

	女性
1位	トトロ
2位	ピカチュウ
3位	スヌーピー
4位	ハローキティ
5位	ドラえもん
6位	ミッキーマウス くまのプーさん ムーミン
9位	マリオ アンパンマン

留学生が考える
「かわいいもの」ベスト5

＊2023年調査
＊都内日本語学校在籍の留学生（男性53人　女性38人）に調査
＊回答があった89名中、複数票を集めたもの

1位	犬	（19票）
2位	猫	（16票）
3位	子犬	（6票）
4位	うさぎ	（3票）
5位	パンダ クレヨンしんちゃん	（2票）

「かわいい」は赤ちゃんの戦略

　赤ちゃんや子イヌ、子ネコたちに対して、私たちの誰もが自然に抱く「かわいい」という気持ち。でも、実はこれが、彼らによって仕組まれた巧みな戦略だとしたら……

　動物行動学者のコンラート・ローレンツによると、幼児の丸い体型、大きく丸い顔、大きな目、膨れた頬などの「赤ちゃん顔」は、見る者に「かわいい」という感情を引き起こすのだそうです。それは、そのまま親の子供に対する保護機能、すなわち「守ってあげたい」という欲求へとつながっていきます。

　さらに、人間の赤ちゃんの場合、これに「生理的微笑」というものが加わります。「生理的微笑」というのは、おもしろいから笑うのではなく、赤ちゃんが無意識のうちに自然と微笑むというものです。これによって、見る者の笑みを誘い、何でもしてあげたくなる気持ちを引き起こす仕組みになっているというのです。

　つまり、自分自身を守る術を何も持たない赤ちゃんたちは、「周囲に守ってもらおう」という戦略をもって、この世の中に、あえてかわいく生まれてくるのです。

07

消費の行方

読み物1 若者のクルマばなれ

1　最近の流行語というよりは決まり文句のひとつに、「若者の○○ばなれ」

2　という言い方がある。

3　（中略）

4　その中でも繰り返し言われているのが、「若者のクルマばなれ」だ。総務

5　省の「全国消費実態調査」に基づいたニッセイ基礎研究所の試算によれば、「30

6　歳未満の仕事を持つ単身男性の車の普及率」は 1999 年には 63.1％だったが、

7　2009 年には 5 割を下回り 49.6％にまで減少している。おそらく現在は、さ

8　らに<u>⒜その率は減少しているだろう</u>。

9　マーケッターの松田久一氏は、その著書『「嫌消費」世代の研究』（東洋経

10　済新報社、2009 年）の中で、いまの若者が直面している経済状況として、「将

11　来が不安」「収入の見通しがよくない」「低収入層が増えている」の三つをあ

12　げている。

13　彼らにとっては、「節約すること」「待って安くなってから買うこと」が常

14　識になっている。松田氏は言う。

15　「彼らの辞書には『節約疲れ』の言葉はない。買って後悔すること、将来

16　の負担になるリスクは回避しようとする」（前掲書）

17　そしてさらに松田氏は、彼らの社会心理的な特徴として「<u>⒝空気を読む</u>」

18　ことをあげている。ただでさえ節約するのがあたりまえになっている若者た

19　ちは、必要以上にまわりの同世代がどんな消費行動をしているのかを気にし

20　ている。

　そんな中では、とても自分ひとりだけが大きなクルマを買う、などといった思い切った消費には踏み切れない。「みんなはどうしているのかな」とまわりを見ると、誰もが節約をしてせっせと貯金に励んでいる。

　そこで、「よし、ここで大きなアメリカ車を買えば目立つぞ」と思うのは上の世代であり、若者は「誰もクルマなんて買ってないや……じゃ、僕もやめよう」となる。かくして、「私もいらない」「僕も買わない」の連鎖反応が起きる、というわけだ。

　では、クルマのない彼らはどうやって女性をデートに誘ったり、ふらっとドライブに出たりするのだろう。卒業生のひとりに聞いてみた。すると彼はあきれたような顔をしてこう言った。

　「先生、今どきクルマでデートになんて誘ったら、かえって怪しまれますよ。そのままどこかに連れ込まれるんじゃないか、とか。それよりも、人気のスポットで待ち合わせて、お店を見たりおいしいものを食べたりするほうが、ずっと楽しいじゃないですか。遠出したかったら、バスでも電車でも使えばいいし。クルマなんて道路が渋滞して時間も読めないし、ガソリン代がかかるだけだし、いいことなんてひとつもないですよ」

（中略）

では、クルマはずっといらないのかというと、「家族ができたら買うかも」
と思う若者は多いようだ。ただ、その場合はなるべく小型のワンボックス
カー。デザインとかスピードとかは二の次で、大切なのは機能性と燃費だと
いう。

（中略）

たしかに、「人混みの中で待ち合わせ、楽しくショッピングやグルメ」といっ
たデートでは、そこに怪しい雰囲気も何も生まれる余地はなさそう。おそら
くそういうデートの後は、常識的な時間にターミナル駅で「キミはJR？　僕
は地下鉄だから。じゃ、またね」と手を振って笑顔で別れる、といった健全
なイメージしか浮かばない。クルマの中という密室で偶然、手が触れてしま
い……というようなハプニングもないだろう。

クルマにお金や時間を使わず、せっせと貯金や人間関係の維持にいそしむ
若者たち。彼らはある意味では、「賢く健全な人たち」といえる。

しかし、「でっかいクルマで自分をでっかく見せてやる」「ビューンとスピードを出してライバルに差をつけたい」といった空想もできない若者が、はたして競争の厳しいこのグローバル社会で生き残っていけるのだろうか、という不安もある。

（中略）

「あのクルマを手に入れたい」という若者ならではの夢は、愚かでもムダでもなく、その後の人生を切り拓いていく第一歩のような気もするのだがどうだろう。

自分の子どもが「クルマ？　あんなのはバカが持つものだよ」などと冷たく言ったら、親は思わず「そうだね、おまえは賢いよ」とうなずいてしまうのだろうか。

（香山リカ『若者のホンネ』朝日新書より）

読み物1 問題

❶．「いまの若者」について、本文の内容と合うものに○、合わないものに×を書いて
ください。

      ① （　　　）　将来に不安を感じている人が多い。

      ② （　　　）　「節約疲れ」を起こしている人が多い。

      ③ （　　　）　他人より目立つことを嫌う人が多い。

      ④ （　　　）　デートにクルマは必要だと考える人が多い。

      ⑤ （　　　）　クルマは絶対買わないと考える人が多い。

❷．30歳未満の仕事を持つ単身男性について、「ⓐその率は減少しているだろう」とあ
りますが、どういうことですか。答えを一つ選んでください。

      a　クルマを持たない人の割合が増えているだろうということ

      b　クルマを持たない人の割合が減っているだろうということ

      c　クルマを欲しがらない人の割合が増えているだろうということ

      d　クルマを欲しがらない人の割合が減っているだろうということ

❸．「ⓑ空気を読む」とありますが、その結果、いまの若者はどんな状況になっていま
すか。本文の言葉を使って、書いてください。

                                                    を気にして、

                                                    ない状況になっている。

❹. 筆者が話を聞いた卒業生がデートにクルマを使わない理由として、<u>当てはまらない</u>
<u>もの</u>はどれですか。答えを一つ選んでください。

    a　バスや電車よりお金がかかるから

    b　デートで遠出をすることはないから

    c　電車と比べて、予定が立てにくいから

    d　クルマを使うと、相手に怪しまれるから

❺. 筆者は「若者のクルマ離れ」について、どう思っていますか。答えを一つ選んでく
ださい。

    a　クルマに無駄なお金を使わず、節約や貯金ができるから、いいことだと思っ
       ている。

    b　デートで何もハプニングが起こらず、健全に過ごせるから、いいことだと
       思っている。

    c　クルマならではのデートを楽しむチャンスを逃しているようで、残念だと
       思っている。

    d　その後の人生を切り拓いていくチャンスを逃しているようで、残念だと
       思っている。

①　あなたはクルマが欲しいですか。また、どんなクルマが欲しいですか。

②　日本の若者については、ほかにも「テレビ離れ」や「恋愛離れ」などが言
　　われていますが、あなたの国では、どんな「若者の○○離れ」がありますか。

 これからの消費

1 　2020 年に突如として世界中に広がり、多くの感染者を出した新型コロナ
2 ウイルス感染症（COVID-19）。日本でもその流行にともない、政府はマス
3 クの着用、手洗い、ソーシャルディスタンスの確保を中心に、いわゆる「新
4 しい生活様式」を提唱。それに則って、国民には 3 密（密集・密着・密閉）
5 を避ける行動が求められた。その結果、外出せずに済むネットショッピング
6 やデリバリーサービスの利用、店員との現金のやり取りなく済ませるキャッ
7 シュレス払い、そして不特定多数の人々と密な空間に長時間いないようにする
8 ためのテイクアウトや外外食（屋内ではなく、屋外のテラス席やバルコニー
9 席のような空間で飲食すること）などなどが急増した。

10 　これらの根底には、3 密を避けながらも、コロナ前の消費の状態を取り戻
11 すことに重点が置かれているように思われる。しかしながら、現在のわたし
12 たちの多くは、もはやコロナ前と同じ状態には戻れまいという気持ちを、心
13 のどこかで抱いているのではないだろうか。

14 　そこでここでは、新型コロナウイルスの流行で生じた様々な問題を教訓
15 に、コロナ後の新しい消費の形を探ろうとする動きについて見ていきたいと
16 思う。

17 　コロナ後の新しい消費について考える場合にキーワードとなるのが、「エ
18 シカル（ethical）消費」かもしれない。エシカル消費とは、人や社会、環
19 境に配慮した消費行動をいい、2015 年に国連で採択された『17 の持続可能

な開発目標（SDGs）』のひとつとして「持続可能な消費と生産」が掲げられたことから、国際的にエシカル消費を広めようとする土壌が出来上がりつつある。

　今回の新型コロナウイルス感染症の流行初期には、トイレットペーパーやマスクの買い占めが起こり、品不足が深刻化した。第一生命経済研究所が2020年4月3・4日に実施した『新型コロナウイルスによる生活と意識の変化に関する調査』では、「トイレットペーパーやマスクなど、消耗品を大事に使いたい」については90.7％（「非常にそう思う」と「まあそう思う」の合計）が同意を表明し、「自分さえよければいいという消費行動はとりたくない」（89.9％）もほぼそれに並び、新型コロナウイルス感染症の流行がもたらした消費者の意識の変化が指摘されている。

　また、一斉休校による学校給食の中止や、外出自粛による飲食店向け食品流通の大幅な落ち込みにより、行き場を失った食材が無駄になることを防ぐための試みがニュースでたびたび取り上げられ、話題になった。先の調査でも、「食品のムダをなくし、なるべく廃棄がないようにしたい」について、同意が88.1％に上り、食品ロス削減への関心の高さを示す結果となった。

今回のコロナ関連報道では、ほかにも営業自粛で経営難に陥っている会社や店を、その商品・サービスを買うことで助けようという「応援消費」や、感染拡大を防ぐとともに、地元経済の活性化を促すために遠出を避け、近場を旅行しようという「マイクロツーリズム」を紹介するものが増えた。「応援消費」は人や社会への配慮に、「マイクロツーリズム」は移動にともなう温室効果ガスの排出削減という点で、環境への配慮につながるだろう。

　　新型コロナウイルス感染症流行の初期に出版され、ベストセラーとなった『コロナの時代の僕ら』で、著者であるイタリア人作家のパオロ・ジョルダーノは、

　　「僕は忘れたくない。今回のパンデミックのそもそもの原因が秘密
　　　の軍事実験などではなく、自然と環境に対する人間の危うい接し方、
　　　森林破壊、僕らの軽率な消費行動にこそあることを。」

と言い、コロナ前のわたしたちの消費行動を「軽率」と断じた。「軽率」とは、結果について何も考えることなく行動を起こしてしまうことである。

　　コロナ後を生きるわたしたちは、今度こそ将来のことを真剣に考えた消費へと移行することができるのだろうか。それはまさに、今現在のわたしたちの行動にかかっている。

読み物2　問題

❶．「3密」のうち、「密閉」を避ける行動とあまり関係がないと考えられるものは、ど
　　れですか。答えを一つ選んでください。

　　　　a　外外食

　　　　b　テイクアウト

　　　　c　キャッシュレス払い

　　　　d　デリバリーサービス

❷．「エシカル消費」というのは、どういう意味ですか。本文から言葉を探して、書い
　　てください。

_____

❸．「エシカル消費」について、本文の内容と合うものに○、合わないものに×を書い
　　てください。

　　　　①（　　　）　日本政府が提唱する「新しい生活様式」の基本的な考え方になった。

　　　　②（　　　）　コロナ前の消費の状態を取り戻すための手段として、注目してい
　　　　　　　　　　る人が多い。

　　　　③（　　　）　2015年に国連で採択されたSDGsが、国際的に広まるきっかに
　　　　　　　　　　なった。

　　　　④（　　　）　第一生命経済研究所の調査によると、エシカル消費に近い考えを
　　　　　　　　　　持つ人が増えている。

　　　　⑤（　　　）　「応援消費」も「マイクロツーリズム」も、エシカル消費として考
　　　　　　　　　　えることができる。

❹. パオロ・ジョルダーノが考える、パンデミック（＝世界的な新型コロナウイルス感染症の流行）の原因に含まれないものは、どれですか。答えを一つ選んでください。

    a　森林破壊

    b　軽率な消費行動

    c　秘密の軍事実験

    d　環境と人間の接し方

❺. ＿＿＿＿に言葉を入れて、文を完成させてください。

① ＿＿＿＿＿＿年の新型 ② ＿＿＿＿＿＿＿＿＿＿＿＿＿＿＿＿＿＿＿の世界的流行により、

日本でも「新しい ③ ＿＿＿＿＿＿＿＿」が提唱され、④ ＿＿＿＿＿＿＿を避けた消費

行動が求められた。しかし、パオロ・ジョルダーノが言う ⑤ ＿＿＿＿＿＿＿＿＿＿

消費行動から、将来のことを ⑥ ＿＿＿＿＿＿＿＿考えた、新しい ⑦ ＿＿＿＿＿＿の形

に移行するためのキーワードになるのは、⑧ ＿＿＿＿＿＿＿＿＿＿かもしれない。

発　展

① あなたはコロナ前と後とで、生活にどんな変化がありましたか。

② あなたはエシカル消費について、どう思いますか。

③ ＿＿＿＿＿＿＿＿＿＿＿＿＿＿＿＿＿＿＿＿＿＿＿＿＿＿＿＿＿＿＿

SDGs
Sustainable Development Goals （持続可能な開発目標）

目標 1 [貧困]
あらゆる場所あらゆる形態の貧困を終わらせる

目標 2 [飢餓]
飢餓を終わらせ、食料安全保障及び栄養の改善を実現し、持続可能な農業を促進する

目標 3 [保健]
あらゆる年齢のすべての人々の健康的な生活を確保し、福祉を促進する

目標 4 [教育]
すべての人に包摂的かつ公正な質の高い教育を確保し、生涯学習の機会を促進する

目標 5 [ジェンダー]
ジェンダー平等を達成し、すべての女性及び女児のエンパワーメントを行う

目標 6 [水・衛生]
すべての人々の水と衛生の利用可能性と持続可能な管理を確保する

目標 7 [エネルギー]
すべての人々の、安価かつ信頼できる持続可能な近代的なエネルギーへのアクセスを確保する

目標 8 [経済成長と雇用]
包摂的かつ持続可能な経済成長及びすべての人々の完全かつ生産的な雇用と働きがいのある人間らしい雇用（ディーセント・ワーク）を促進する

目標 9 [インフラ、産業化、イノベーション]
強靭（レジリエント）なインフラ構築、包摂的かつ持続可能な産業化の促進及びイノベーションの推進を図る

目標 10 [不平等]
国内及び各国家間の不平等を是正する

目標 11 [持続可能な都市]
包摂的で安全かつ強靭（レジリエント）で持続可能な都市及び人間居住を実現する

目標 12 [持続可能な消費と生産]
持続可能な消費生産形態を確保する

目標 13 [気候変動]
気候変動及びその影響を軽減するための緊急対策を講じる

目標 14 [海洋資源]
持続可能な開発のために、海洋・海洋資源を保全し、持続可能な形で利用する

目標 15 [陸上資源]
陸域生態系の保護、回復、持続可能な利用の推進、持続可能な森林の経営、砂漠化への対処ならびに土地の劣化の阻止・回復及び生物多様性の損失を阻止する

目標 16 [平和]
持続可能な開発のための平和で包摂的な社会を促進し、すべての人々に司法へのアクセスを提供し、あらゆるレベルにおいて効果的で説明責任のある包摂的な制度を構築する

目標 17 [実施手段]
持続可能な開発のための実施手段を強化し、グローバル・パートナーシップを活性化する

(the United Nations Sustainable Development Goals web site: https://www.un.org/sustainabledevelopment/)

三種の神器

　1945年のアジア太平洋戦争終結後の日本は、まさにゼロからの出発でした。それが1950年代の後半、国民の生活がようやく安定してきたころ、それらを所有すれば隣近所に自慢できるような、憧れの商品とされたのが、「白黒テレビ」「電気洗濯機」「電気冷蔵庫」でした。当時の人々は皇室の宝物の名を借りて、それらを"三種の神器"と呼びました。

　それからさらに数年が経ち、高度経済成長期と言われる1960年代になると、今度は"3C"と呼ばれる「カラーテレビ」「自家用自動車」「クーラー」が人々の憧れの的になります。中でもカラーテレビは1960年に国産品が発売され、メーカー各社は4年後の東京オリンピック開催を見据えて、「オリンピックをカラーテレビで見よう」をスローガンに、熱い宣伝を繰り広げました。

　その後、21世紀に入ってデジタル化の波が押し寄せると、今度は「デジタルカメラ」「DVDレコーダー」「薄型大型テレビ」のデジタル家電が"新・三種の神器"と呼ばれるようになりました。

　そして現在。これまでのような商品の所有に価値を見いだす「モノ消費」から、旅行や食べ歩きといった、サービスを購入することで得られる体験に価値を見いだす「コト消費」に関心を持つ人が増えるなど、日本人の消費志向は多様化、細分化が進み、もはや一括りにはできなくなりつつあるようです。

1950年代
［三種の神器］

1960年代（高度成長期）
［3C］

平成
［新・三種の神器］

08

いじめ

いじめられている君へ

1　いいか、絶対に[ⓐ]あきらめるな。いじめが一生続く、自分だけが不幸なん

2　だって思ってるだろ？　俺自身もそうだったから。でも、いじめはきっとな

3　くなるものなんだ。

4　俺は中学2年の時からいじめられた。はっきりした原因は俺にもわからな

5　いけど、同級生から「ボンビー（貧乏）」ってあだ名をつけられて、バカに

6　された。

7　北海道で育ったんだけど、母子家庭でさ。自宅で民宿をやっていて、母が

8　朝から晩まで働いていた。

9　家は古くてボロくて、制服も四つ上の兄のお下がり。つぎはぎだらけだっ

10　たから、やっぱりバカにされたよ。せっかく祖母が縫って直してくれたのに、

11　俺はバカにされるのが嫌で、わざわざハサミでつぎはぎを切ったこともあっ

12　たよ。

13　中3になってもしんどくて、胃潰瘍になった。学校で胃薬を飲んでいたら、

14　先生から「何を飲んでいるんだ」って叱られた。理由も聞いてもらえず、つ

15　らかったな。[ⓑ]あのとき一瞬、先生が助けてくれるかもって思ったんだけど

16　……。

17　高校を出ても、「いじめられて、ボンビーで、俺は生まれつき不幸だ」と、

18　ずっと思っていた。上京して就職しても、帰省したらいじめっ子に会うんじゃ

19　ないかって怖かった。

20　強くなりたかった。不良のような、見せかけの強さだけでもいいからほし

かった。暴走族_{ぼうそうぞく}に誘われたら、入っていたよ、たぶん。 21

　そんなとき、たまたま下宿先_{げしゅくさき}の近くにボクシングジムがあったんだ。通 22
えばケンカに強くなれる。強くなれなくても、「ジムに行ってるんだ」と言 23
えば、いじめっ子をびびらせられる^{注1)}って思ったね。 24

　入ってみたらさ……楽しかったなあ。周りも一生懸命で、俺もやればやる 25
ほど自信がついて、どんどんのめり込んだ。自分を守るために始めたのに、 26
いつの間にかいじめのことなんてどうでもよくなっていた。不思議なもんだ。 27

　ボクシングの練習がつらいときは「いじめに比べたら大したことない」っ 28
て考え、マイナスの体験_{たいけん}をプラスに変えてきた。でもね、「いじめられてよかっ 29
た」なんて思ったことは、ただの一度もないぜ。いまだにつらい思い出なんだ。 30

　「いじめられたらやり返せ」っていう大人もいる。でも、やり返したら、 31
その10倍、20倍で仕返_{しかえ}しされるんだよな。わかるよ。 32

　俺は一人で悩んじゃった。その反省からも言うけど、少しでも嫌なことが 33
あれば自分だけで抱_{かか}え込むな。親でも先生でも相談したらいい。先生にチクっ 34
た^{注2)}と言われたって、それはカッコ悪いことじゃない。あきらめちゃいけ 35
ないんだ。 36

（「《いじめられている君へ》内藤大助_{ないとうだいすけ}さん」朝日新聞デジタル2012年7月13日より）

内藤　大助（ないとう　だいすけ）
1974年　北海道生まれ
1996年　プロ・ボクサーとしてデビュー
2004年　日本フライ級王座獲得
2007年　世界フライ級王座獲得
2011年　現役を引退
現在はタレントおよび解説者として活躍

注1）相手に怖いと思わせることができる。
注2）告げ口をすること。ここでは、いじめられたことを報告すること。

読み物1 問題

❶．「俺（内藤大助さん）」について、本文の内容と合うものに○、合わないものに×を
書いてください。

　　　　① （　　　） 中学生のとき、制服を買ってもらえなかった。

　　　　② （　　　） 就職した東京でも、いじめられると思っていた。

　　　　③ （　　　） 強くなりたくて、暴走族に入っていたことがある。

　　　　④ （　　　） ボクシングを始めてから、いじめで悩むことがなくなった。

　　　　⑤ （　　　） いじめより、ボクシングの練習のほうがつらいと考えていた。

❷．「ⓐあきらめるな」とありますが、ここではどんな意味ですか。答えを一つ選んで
ください。

　　　　a　一生いじめられ続けると考えてはいけない。

　　　　b　いじめの原因を考えるのをやめてはいけない。

　　　　c　いじめられるから不幸になると考えてはいけない。

　　　　d　いじめられるのは貧乏だからだと考えてはいけない。

❸．「ⓑあのとき一瞬、先生が助けてくれるかもって思ったんだけど……」とありますが、
結果はどうでしたか。本文の言葉を使って、15字で書いてください。

❹．筆者が高校を卒業してからボクシングを始めたのはどうしてですか。答えを一つ選

んでください。

  a いじめた相手にやり返したかったから

  b 以前からボクシングが好きだったから

  c 家の近くにあるジムの人に誘われたから

  d 見せかけだけでも強くなりたかったから

❺．筆者は、いじめられたらどうしろと言っていますか。答えを一つ選んでください。

  a いじめられたらやり返せと言っている。

  b ボクシングを始めて強くなれと言っている。

  c マイナスの体験をプラスに変えろと言っている。

  d 一人で考えずに、だれかに相談しろと言っている。

❻．筆者にとって、いじめはどんな経験ですか。答えを一つ選んでください。

  a 子どものころのなつかしい経験

  b 自分以外にはわからない不幸な経験

  c 自分にプラスの力をくれた大切な経験

  d 今でも忘れることのできないつらい経験

① もし、誰かがいじめられているのを見たら、どうしますか。

② 殴る、蹴るなどの身体的ないじめ以外に、どんないじめがありますか。

なぜクラス全員が加害者になるのか

1 　いじめというのは、特定の個人に起こる問題ではない。いじめられる側に

2 原因があるからいじめられるのでもない。誰でも被害者になり得るし、誰で

3 も加害者になり得る。

全員参加のいじめ

4 　一度いじめが始まると、⑧そこに存在する全員が参加することを強要され

5 る。言葉ではなく、雰囲気が作られるのである。その雰囲気の中には「参加

6 しなければ許さない」という脅迫が含まれている。

7 　だから、全員が参加せざるを得ない。参加しないのは裏切り者である。子

8 ども達は、いじめという悪に全員を参加させることで、大人に発覚するのを

9 防ぐ。そして同時に、全員を参加させることで自らの罪悪感を薄め、悪を正

10 義に変える。

11 　だからこそ被害者は追い詰められる。たったひとりでも、自分をいじめず

12 にいてくれる人間がいれば、被害者の心はほんの少し救われる。しかし、ク

13 ラス全員が加害者なのだ。極力傍観者であろうとしている子も、自分が被

14 害者になりそうになると、加害者に転ずる。

いじめに「適応」する

　いじめが起こっている中で、正義感を持つことは許されない。正義感は、 15
ⓑ<u>いじめがまかり通っている</u>子ども達の歪んだ社会においては、「悪」なの 16
である。 17

　クラスにいじめが起きている中で、子ども達は優しさや同情など持っては 18
いられない。積極的か、消極的かという濃淡はあっても、全員が加害者にな 19
らざるを得ない。被害者に同情しつつ、自ら手は出さない傍観者であること 20
すら、いまは許されないのである。被害者の感情を考えてしまえば、次は自 21
分がいじめられてしまうのだ。子ども達は、自分の身を守るために、感覚を 22
鈍磨させ、残酷になるしかない。そして一度その心理的メカニズムができ上 23
がってしまえば、あとは何も考えずにいじめに徹することができるのである。 24
それは、ⓒ<u>いじめ社会に適応するために必要な術</u>である。 25

いじめという「疫病」

26 　被害者の感情を考えないというのは、いじめにおける大きな特徴である。

27 子ども達は、被害者の痛みなど理解できないし、しようともしていない。想

28 像できないし、しないようにもしている。少しでも理解できてしまう子は、

29 いじめ社会に適応するために、自分が被害者にならないために、あえて考え

30 ないようにするのだ。

31 　いくつかの事例の中でも書いたように[注1]、いじめられる理由は、いじめが

32 進行する中で次々に作られてゆく。いじめ被害者はいじめられることによっ

33 て、いじめに値する存在にさせられてゆく。そして加害者の側の罪悪感はま

34 すます薄れ、被害者の痛みを考えなくなる。

35 　恐ろしいのは、被害者がいじめられる理由は加害者達によって作られたも

36 のにもかかわらず、作り出した加害者達が、自分達が作り出したフィクショ

37 ンだということを忘れてしまうということである。最初からあった事実のよ

38 うに思い込んでしまうのだ。事例の中でも書いた、集団ヒステリー[注2]の一

39 種である。だから加害者達は本心から言う。「汚い」「キモイ」「うざい」「死

40 ねば？」。[d]何の罪悪感もなく、ただ事実を告げているという感覚で。

41 　ひとたび、いじめの理由を共有した閉鎖的な集団ができ上がれば、いじめ

注1) 筆者は本文に先立って、「メールで噂話をばらまく」「『汚い』『醜い』というイメージを
　　植え付ける」など、「いじめ」の事例をいくつか紹介している。そのうち、後者の事例では、
　　「加害者の側も、毎日全員で『汚い』『臭い』と言い続けることによって、次第に被害者
　　の子が本当に汚い、臭いと思えてきてしまう。一種の集団ヒステリーである」と述べて
　　いる。

注2) 強いストレスや不安が続いたために、集団の中の人たちが同時にパニックになったり、
　　事実ではない情報を信じてしまったりすること。

は遊びの様相すら呈してゆく。子ども達はいじめを楽しむようになるのだ。 42

子ども達はどんどん残酷になる。子ども達の柔らかい頭は、大人の思いつか 43

ないような残酷ないじめの方法を次々と考え出す。 44

　私達は、子ども達の適応能力の高さは、残酷な環境に対する適応という点 45

でも、大人の想像をはるかに超えていることを知るべきだろう。「どうして 46

子どもがいじめによって自殺するのか」を議論するのではなく、現代の子ど 47

も社会のいじめというのが、死に追いやられるほど残酷で陰湿で悪質なんだ 48

ということを理解すべきである。 49

　いじめは心の疫病である。大人の見えないところで子ども達の間に伝染し 50

てゆくウィルスである。けれどこのウィルスは、ウィルスに侵されていない 51

人間だけがダメージを受けるという特徴を持つ。ダメージを受けないために、 52

被害者にならないために、ウィルスに感染して加害者となってゆくのだ。 53

（山脇由貴子『教室の悪魔』ポプラ社より）

問題

❶．「ⓐそこに存在する全員が参加することを強要される」とありますが、「強要」する
目的は何ですか。本文から言葉を探して、二つ書いてください。

- _____ため。

- _____ため。

❷．「ⓑいじめがまかり通っている」とありますが、どんな意味ですか。答えを一つ選
んでください。

     a   いじめのある学校に毎日通っているということ

     b   誰かが誰かを毎日学校でいじめているということ

     c   してはいけないいじめが認められているということ

     d   いじめの加害者同士で心が通じ合っているということ

❸．「ⓒいじめ社会に適応するために必要な術である」とありますが、どうすることで
すか。答えを一つ選んでください。

     a   いじめに自分は加わらないこと

     b   いじめに対する罪悪感を消すこと

     c   いじめている加害者を許さないこと

     d   いじめの加害者の気持ちを考えること

❹.「[ⓓ]何の罪悪感もなく、ただ事実を告げているという感覚で」とありますが、その
ような感覚でひどい言葉を言えるのはどうしてですか。答えを一つ選んでください。

      a   それがフィクションだから

      b   相手がヒステリックな性格だから

      c   それが最初からあった事実だから

      d   それが事実だと思い込んでいるから

❺.筆者は、大人はどうすることが必要だと言っていますか。本文の言葉を使って、文
を完成させてください。（　）の数字は、答えの文字数を示しています。

　　　<u>　　　(12)　　　</u>の<u>　(2)　</u>さ、

　<u>　(2)　</u>さ、<u>　(2)　</u>さを<u>　(2)　</u>することが必要だと言っている。

発　展

① 学校や職場でいじめが起きてしまう原因は、何だと思いますか。

② あなたの国には、政府や学校によるいじめ対策がありますか。あれば、紹
　介してください。

③ _____

いじめ防止対策推進法

　いじめ対策のための日本で初めての法律、「いじめ防止対策推進法」が 2013 年（平成 25 年）6 月に成立しました。この法律は、いじめを、「心理的、物理的な影響を与える行為で、心身の苦痛を感じているもの」と定義し、インターネットの悪質な書き込みなども含まれています。また、この法律では、学校や保護者、さらには国や都道府県等の地方公共団体のいじめ防止の責務と、対策の基本となる事項が定められています。

　この法律は、2011 年 10 月に滋賀県大津市で起きた中学 2 年生の男子生徒（当時 13 歳）の自殺をきっかけに、いじめが社会問題として注目されたことから制定に至りました。

　法律の制定を受けて、自殺した男子生徒の父親は「いじめで命を落とす子が一人もいなくなるまでこの法を見守り、問題があれば見直しを要望していく」と話しています。

「いじめ防止対策推進法」のポイント

◎「いじめ」の定義
　その人が傷ついたり、苦痛を感じたら、「いじめ」です。

◎いじめ防止対策の組織
　学校は、いじめを防止するための組織をつくります。

◎いじめが起きた際の対応
　重大なことが起きた場合は、学校が調査を行い、いじめられた子や家族に知らせます。

◎いじめた子への対応
　いじめられた子を守るために、いじめた子を出席停止などにします。

09

子どもの名前

Q. この名前が読めますか？

| レベル1 | 進　洋平　愛　京子 |

| レベル2 | 和也　徹　久美子　彩 |

レベル3　円久　叶恋　聖母　空翔

個性はルールを守ってこそ

1 　もともと日本人の名前に用いられる漢字は、通常とは異なる読み方をする

2 場合も多く、とりわけ外国人にとっては、それらを正しく読みこなすのはた

3 いへん難しい。しかしながら、ここ数年間の子供に付けられる名前を見てみ

4 ると、その難読ぶりは従来以上に激しさを増しており、外国人はもちろん、

5 日本人といえども、名前を付けた両親以外に読める人はいないのではないか

6 と思わせるような名前を見ることが、もはや珍しいことではなくなってきて

7 いる。

名前が生む「苦悩」の連鎖

8 　ⓐこうした風潮にとりわけ頭を悩ませているのが、子供たちと日々直に接

9 している学校の先生や小児科の医師たちだろう。学校では入学式を前に、名

10 簿を見ても誰にも読めない名前がずらりと並んでいるため、先生一同困り果

11 て、式の準備や進行に混乱が生じるといった事態が起きているという。また、

12 乳幼児とのコミュニケーションが欠かせない小児科医の先生たちが、カル

13 テを見ながら「さあ、○○ちゃん、どうしたの？」と呼びかけようと思って

14 も、名前が読めないためにそれができなかったり、男女を間違えてしまった

15 りすることもしばしばだという。

16 　しかし、困っているのは学校の先生や小児科の医師たちだけではない。

17 それにもまして、こうした新しいタイプの名前を付けられた当人自身が、

「ⓑ耐えがたい、苦悩の日々」を送っているというのだ。 18

　彼らは、病院で名前を呼ばれるときが、最も苦痛な瞬間の一つだという。 19
「さとうさん、さとう○○さん。お薬ができました。」この瞬間の、見ず知ら 20
ずの周りの人々の好奇に満ちた反応が耐えがたく、そのたびにこうした反応 21
を引き起こす名前を付けた親たちを恨みに思うのだそうだ。 22

　彼らを襲う「苦悩」はそれだけではない。彼らが小中学生ぐらいの子供で 23
あれば、いじめの標的にされる可能性はきわめて高い。ただでさえ、何事に 24
おいても周囲と同調し、突出するものを排除しようとする日本社会では、名 25
前が珍しいということだけで、十分いじめの理由になり得るだろう。 26

　「苦悩」はまだまだ続く。このような名前を付けるのは「親が知的ではない」 27
からで、本人もまた推して知るべし、との判断につながりやすい。そのため、 28
就職活動などでも当然不利になる。事実、「ⓒまずは変わった名前の者から 29
落としていく」と公言する人事担当者もいるそうだ。 30

漢字は公共財

　ではなぜ、周囲と本人を悩ませ続けるような名前が増えているのだろうか。 31
「個性的な子供に育ってほしい」というのが、変わった名前を付ける多くの 32
親の心理であるようだ。確かに、今は「個性的であること」が非常に重視さ 33
れる社会である。他との差異化を図らなければ、アイデンティティーを確立 34
できない、生き残れない、と思い込まされている時代である。もちろん、そ 35
うした考え自体を否定するつもりはない。しかし、公共のルールを無視して 36
まで、その考えを貫いてもよいとは思わない。 37

　漢字は貨幣などと同じ、言わば公共財である。公共財は使用する人々が共 38

通の認識を持ってこそ、はじめて機能する。したがって、みんなが勝手にルールを変えてしまっては、貨幣が貨幣として機能しなくなるように、[ⓓ]漢字もまた、その機能を果たすことはできなくなるだろう。

「公共」と「個性」の両立は決して不可能ではない。そして、「公共」を無視したときに起こるさまざまなトラブルは、前述したとおりである。

社会的生物であるヒトの幸せは、結局は「公共」と「個性」の両立の先にあるということを、子供の名づけを考えている世の親たちに対して、強く訴えたいのである。

 問題

読み物1

❶.「⒜こうした風潮」とは、どんな風潮ですか。答えを一つ選んでください。

     a   読みにくい名前の子供が増えている。

     b   名前に漢字を使わない人が増えている。

     c   外国人のような名前の子供が増えている。

     d   昔の名前が日本でまた人気になっている。

❷.「⒝耐えがたい、苦悩の日々」とありますが、どんな場所や場面で苦悩があると筆者は言っていますか。三つ書いてください。

     （場所）＿＿＿＿＿＿＿＿＿で

     （場所）＿＿＿＿＿＿＿＿＿で

     （場面）＿＿＿＿＿＿＿＿＿のとき

❸.「⒞まずは変わった名前の者から落としていく」という人事担当者は、どんな考えから、そうしていると筆者は言っていますか。答えを一つ選んでください。

     a   他の社員が名前を覚えられなくて困るという考え

     b   変わった名前の人は有能ではないと予想できるという考え

     c   入社式のときにトラブルが起こるかもしれないという考え

     d   変わった名前の人が社内でいじめられるかもしれないという考え

❹．「ⓓ漢字もまた、その機能を果たすことはできなくなるだろう」とありますが、それはどうしてだと筆者は言っていますか。答えを一つ選んでください。

      a　新しいタイプの読みにくい名前が増えると、漢字の書き方のルールが壊れてしまうから

      b　新しいタイプの読みにくい名前が増えると、漢字の作り方のルールが壊れてしまうから

      c　新しいタイプの読みにくい名前が増えると、漢字の読み方のルールが壊れてしまうから

      d　新しいタイプの読みにくい名前が増えると、漢字の組み合わせ方のルールが壊れてしまうから

❺．筆者は、最近の読むことが難しくて珍しい名前について、どう言っていますか。答えを一つ選んでください。

      a　名前で苦労した子供ほど強く育つ。

      b　子供だけでなく親も苦労することになる。

      c　個性的で親の愛情が感じられる名前はすばらしい。

      d　個性だけでなく公共性も重視した名前にしなければならない。

《トビラの名前の読み方》

[レベル1]

進（すすむ）　洋平（ようへい）　愛（あい／めぐみ／まな）

京子（きょうこ／けいこ）

[レベル2]

和也（かずや）　徹（とおる）　久美子（くみこ）　彩（あや）

[レベル3]

円久（まるく）　叶恋（かれん）　聖母（まりあ）　空翔（つばさ）

（＊読み方は代表的なもの。別の読み方をする場合もあります。）

（参考：牧野恭仁雄『子供の名前が危ない』ベスト新書）

①　あなたの名前には、何か由来がありますか。あれば、紹介してください。

②　あなたの国では、今どんな名前の子供が多いですか。昔はどうでしたか。

1 「莉紅」「亜名理」「財凰」「瑠海空」……。さて、あなたはこれらの漢字が

2 読めるだろうか。実はこれらは皆、実際に存在する子供たちの名前で、東京

3 のとある幼稚園を取材した新聞記事の中で紹介されていたものだ（読売新聞

4 2013年1月1日　読み方は順に「りこ」「あめり」「ざいおん」「るうく」）。

5 一見して「読みづらい」これらの名前だが、その背景を探ると、現代日本

6 の親たちの子に対する思いが理解できるのではないだろうか。

7 このような名前が増えてきたのは1990年代半ばころからと言われる。

8 そのころの日本はといえば、バブル経済がはじけ、長い長い不況の時代が

9 始まったころ。政治は不安定になり、働いていた企業からは退職を余儀なく

10 されるなど、自身と国の将来に不安を感じる人が増えていた。一方、学校現

11 場ではそれまでの知識重視と、それによって生み出されがちだった児童生徒

12 の序列化をなくし、個性と自主性を重んじる「ゆとり教育」へと大きく方向

13 転換が図られた。

14 ⓐこうした時代の中で子供を産み育てていこうとする親たちが、ⓑ「個性

15 的な存在になってほしい」という願いを子の名に託すのは、ごく自然なこと

16 だったと言えよう。また、ちょうどこの時期に、妊産婦向けの雑誌を発行し

17 ている出版社が、膨大な量の新生児の名前を集めてデータベース化し、「名

18 付け事典」を発売したことも大きかった。事典を見ればすぐにわかる、その

19 時現在の流行の名前を参考にしつつ、そこから少しずらしてユニークさを加

えることで、「今風かつ個性的」という、子供の名前に求める親たちの願望が見事にかなえられることになったのである。

©こうして新たに生み出される名前に対しては、マスコミでも、ネット上でも、さまざまな批判が今も見られる。子供がいじめにあうとか、学校や病院などで混乱が生じるとか、だ。しかしそれらの批判は、私見ではどれも的を射ているとは言えない。

そもそも名前でいじめをするほうがおかしいのであって、それは名前の問題ではなくいじめをする側の問題である。

それに、今後このような名前が一般化していけば、名前で不利益を被るようなことは確実に少なくなるだろう。事実、「心愛（ここあ）」などは初めのころこそきちんと読める人は少なかったが、ある保険会社の調査によると、最近では子供の名前人気ベストテンに入るほど一般化している。さらに、会社や病院などの社会生活で使われるのは、ほとんどの場合、姓であって、名前が難しい読み方でもそう大きな問題が生じるとは思えない。（さらに付け加えるならば、病院など、呼び出しアナウンスが行われる場では、個人情報保護の観点から個人名で呼ばれること自体、減ってきている。）

このように考えたとき、個性的な名前はそのデメリットよりも、他人に名前を憶えてもらいやすいというメリットのほうが大きいと考える親も少なくないのだ。冒頭の名前を紹介していた新聞記事にも、「読めないのは承知の上。珍しい名前が人から興味を持たれるきっかけになれば」という親の言葉が掲載されている。

子育ては社会的な問題である一方で、きわめて個人的な営みでもある。

現代日本では年金や雇用に対する不安などから、国や企業その他、社会

全般に対する信頼は以前ほど強固なものではなくなってきている。それに

対して、家庭では核家族化がすすみ、夫婦一組あたりの子供の数も減った今、

親と子供の関係は以前より一層濃密なものなっている。そうした中で、従

来の価値観や常識にもとづいた「社会性」ばかりからいくら批判されようと、

⑩親の心には届かないだろう。

　将来の明るさに確信をもちにくい時代にあって、これらの名前には、「個

性的で幸せな人生を歩んでほしい」という、わが子に対する切ないまでの親

心が込められているのである。

読み物2　問題

❶．「ⓐこうした時代」とありますが、どんな時代ですか。答えを一つ選んでください。

     a　バブル経済が続き、日本社会全体が豊かだった時代

     b　国の将来に不安を感じて、政治に参加する人が増えた時代

     c　経済的にはあまりよくないが、時間のゆとりがあった時代

     d　将来が不安になり、自分らしさが重視されるようになった時代

❷．「ⓑ『個性的な存在になってほしい』という願いを子の名に託す」とありますが、そうした願いを持つ親は、どんな方法で、どんな名前を付けられるようになりましたか。本文の言葉を使って、文を完成させてください。（　）の数字は、答えの文字数を示しています。

　　　(5)＿＿＿＿＿＿＿＿にある (11)＿＿＿＿＿＿＿＿＿＿＿＿＿＿を

　　参考にしつつ、少し (3)＿＿＿＿＿ことで、(7)＿＿＿＿＿＿＿＿＿

　　な名前を付けられるようになった。

❸．「ⓒこうして新たに生み出される名前に対しては、マスコミでも、ネット上でも、さまざまな批判が今も見られる」とありますが、そうした批判に対して、逆にどんな良い点があると筆者は言っていますか。答えを一つ選んでください。

     a　いい会社に就職できる。

     b　学校で人気者になれる。

     c　人の記憶に残りやすい。

     d　名前で呼ばれるようになる。

❹．「[ⓓ]親の心には届かないだろう」とありますが、どうして親の心に届かないと筆者は言っていますか。答えを一つ選んでください。

<blockquote>

a　親が社会に対してまったく関心を持っていないから

b　親が子育てをとても社会的な問題だと思っているから

c　親が子育てを非常に個人的なことだと感じているから

d　親と子供との関係をもっとよくしたいと思っているから

</blockquote>

❺．筆者は、個性的で珍しい名前についてどう思っていますか。答えを一つ選んでください。

<blockquote>

a　個性的で今風だが、そのうち流行は終わると思っている。

b　社会の変化の中で、自然に生まれたものだと思っている。

c　混乱が生まれやすいから、やめたほうがいいと思っている。

d　すばらしい名前だから、もっと増えるといいと思っている。

</blockquote>

発　展

① 子供が生まれたら、どんな名前をつけたいですか。また、どんな点に気をつけますか。

② 日本では、名付けの他にも、今までの考え方や伝統にとらわれない人が増えていると言われています（夫婦や親子のあり方、教育やしつけなど）。あなたの国ではどうですか。また、その状況をどう思いますか。

③ _____

子どもの名前ランキング
[生まれ年別ベスト10]

● 男の子
(＊読み方は代表的なもの。別の読み方をする場合もあります。)

	1955 年	1985 年	2022 年
1位	隆 たかし	大輔 だいすけ	蒼 あおい/そう/あお…
2位	誠 まこと	拓也 たくや	凪 なぎ/なぎさ
3位	茂 しげる	直樹 なおき	蓮 れん
4位	修 おさむ	健太 けんた	陽翔 はると/ひなと/ひなた…
5位	豊 ゆたか	和也 かずや	湊 みなと/かなで/そう
6位	博 ひろし	達也 たつや	颯真 そうま/ふうま
7位	稔 みのる	亮 りょう	碧 あおい/あお
8位	進 すすむ	翔 しょう	樹 いつき/たつき/いづき…
9位	清 きよし	洋平 ようへい	大和 やまと/なごみ/ひろと…
10位	勉 つとむ	徹 とおる	悠真 ゆうま/はるま

● 女の子
(＊読み方は代表的なもの。別の読み方をする場合もあります。)

	1955 年	1985 年	2022 年
1位	洋子 ようこ	愛 あい/めぐみ/まな	陽葵 ひまり/はるき/ひなた…
2位	恵子 けいこ	麻衣 まい	凛 りん
3位	京子 きょうこ	麻美 あさみ/まみ	詩 うた
4位	幸子 さちこ/ゆきこ	恵 けい/めぐみ/めぐむ	陽菜 はな/ひな/はるな…
5位	和子 かずこ	香織 かおり	結菜 ゆな/ゆいな/ゆうな
6位	久美子 くみこ	彩 あや	杏 あん/あんず
7位	由美子 ゆみこ	あゆみ	澪 みお/れい
8位	裕子 ひろこ/ゆうこ	友美 ともみ/ゆみ	結愛 ゆあ/ゆいな/ゆな…
9位	美智子 みちこ	舞 まい	芽依 めい
10位	悦子 えつこ	裕子 ひろこ/ゆうこ	莉子 りこ

(明治安田生命「名前ランキング」http://www.meijiyasuda.co.jp/enjoy/ranking/ より)

コラム

日本人の名字

あなたの周りにいる日本人、どんな名字の人が多いですか。

姓氏研究家の森岡浩（もりおかひろし）さんの調査によると、最も多い日本人の名字ベスト10は佐藤（さとう）、鈴木（すずき）、高橋（たかはし）、田中（たなか）、伊藤（いとう）、渡辺（わたなべ）、山本（やまもと）、中村（なかむら）、小林（こばやし）、加藤（かとう）で、これらの名字の人だけで約1300万人、日本の人口の約1割（わり）を占めるとのことです。

それでは、地域別に見るとどうなのかというと、東京都では鈴木が1位。次いで佐藤、高橋、田中、小林の順に多く、大阪府では田中が1位で、山本、中村、吉田（よしだ）、松本（まつもと）が続きます。全国的な傾向を見ても、東日本は佐藤、鈴木が多く、西日本は田中、山本が多いようです。その一方で、沖縄県は全国の順位とは大きく異なり、比嘉（ひが／ひか など）、金城（きんじょう／かねしろ など）、大城（おおしろ／おおき など）、宮城（みやぎ／みやしろ など）、上原（うえはら／かみはら など）がベスト5。こうしたことを知っていれば、名字によってその人がどのあたりの出身か、ある程度推測（すいそく）することができるかもしれません。

ところで、日本には一見（いっけん）どう読むのかわからない名字もあって、クイズ番組などでときどき紹介されています。例えば、「四月一日」。昔は4月1日になると着物の中の綿を抜いたことから、「わたぬき」と読みます。

では、ここで問題。「月見里」と「小鳥遊」は、それぞれどう読むでしょう？

（＊読み方は代表的なもの。別の読み方をする場合もあります。）

［問題の答え：月見里＝やまなし　小鳥遊＝たかなし］

118

10

高齢化のなかで

80歳で3度目の
エベレストへ

1　今年の5月、80歳にして3度目のエベレスト登頂（とうちょう）に成功。ⓐ"大きな夢"

2　が身体を作り上げてきた。

3　三浦雄一郎（みうらゆういちろう）さんは1932年、青森県生まれ。66年に富士山の直滑降（ちょっかっこう）を成功

4　させて、一躍（いちやく）有名になった。53歳で世界七大陸最高峰からのスキー滑降（さいこう）を

5　達成（たっせい）し、70歳、75歳でエベレスト登頂に成功。そして今回は80歳という世

6　界最高齢での登頂を成（な）し遂（と）げた。

7　病気やケガも度々経験している。60代は肥満（ひまん）や狭心症（きょうしんしょう）、糖尿病（とうにょうびょう）に悩まされ、

8　76歳では骨盤（こつばん）骨折により再起（さいき）が危（あや）ぶまれた。不整脈（ふせいみゃく）で何度も心臓を手術し

9　ている。

10　しかし、ⓑそれらを乗（の）り越（こ）え、ⓒ今も驚異的（きょういてき）な身体を維持している。

11　「健康法には"攻（せ）め"と"守り"があります。僕は無理をしない、控（ひか）えると

12　いう姿勢ではなく、いくつになっても攻めるべきだと思うんです。忙しいか

13　らジムに通ったことはないのですが、いつも両足に約5キロの重りをつけ、

14　20キロの荷物を背負って歩いています。部屋には3キロ、10キロの鉄（てつ）アレ

15　イがあって、朝起きたら、ぶらぶら持ち上げたりするんです。筋力（きんりょく）を鍛（きた）える

16　と骨密度（こつみつど）が上がり、成長ホルモンが出るんですよ」

　三浦さんはそう話す。年をとったら「脂分_{あぶらぶん}は控えめに」などと言われるが、

三浦さんは食生活でも "攻め" の姿勢だ。

「月1回は息子の豪太_{ごうた}と二人で1.5キロのステーキを食べます。普段は300

グラムほどの肉を週に1、2回。納豆やヨーグルトなどの発酵_{はっこう}食品も毎朝食

べます」

　そして、[d]何よりも大切なのはメンタルだという。

「たとえば、同じ年齢の人が同じ条件で手術しても、『生きるぞ』という意欲_{いよく}

がある人はすぐ治るし、『もうだめだ』と思っている人は本当にだめになっ

てしまうそうです。単純に言えば、プラス思考_{しこう}が大事。マイナス思考の人は

できない理由を並べるけれど、僕は『どうやったらできるか』しか考えない。

どうしてもエベレストに登りたかったから、ケガも病気も乗り越える以外な

かったんです」

29   次の目標は、85歳でヒマラヤ山脈のチョーオユー（8201メートル）から

30 スキー滑降すること。

31 「面白いからやってみたいんです。それに、健康長寿社会がこれから日本の

32 課題になる。医学博士の豪太とともに、どうやったら元気に長生きできるか

33 を解明したい」

34   人間の可能性は果てしない。三浦さんはそれを体現している。

（『週刊朝日』（2013年9月6日号）朝日新聞出版より）

© ミウラ・ドルフィンズ

三浦　雄一郎（みうら　ゆういちろう）

　1932 年　青森県生まれ

　1966 年　富士山直滑降

　1985 年　世界七大陸最高峰のスキー滑降達成（人類初）

　1987 年　日本プロスキー連盟設立。会長就任

　2003 年　エベレスト登頂成功

　2008 年　二度目のエベレスト登頂成功

　2013 年　三度目のエベレスト登頂成功

❶.「三浦雄一郎さん」について、本文の内容と合うものに〇、合わないものに×を書いてください。

①（　　）　53歳のときに、富士山の直滑降を成功させている。

②（　　）　70歳以降、5年に一度、エベレスト登頂に成功している。

③（　　）　二度目のエベレスト登頂のときに、骨折を経験した。

④（　　）　部屋に筋力を鍛えるための道具を置いている。

⑤（　　）　次の目標は四度目のエベレスト登頂に成功することだ。

❷.「ⓐ"大きな夢"」とありますが、どんな夢ですか。答えを一つ選んでください。

a　健康でいつづけること

b　できるだけ長生きすること

c　冒険に成功しつづけること

d　日本を健康長寿社会にすること

❸.「ⓑそれらを乗り越え」とありますが、何を乗り越えてきましたか。本文から言葉を探して、5字で書いてください。

5

❹.「[ⓒ]今も驚異的な身体を維持している」とありますが、どうやって維持していると三浦さんは言っていますか。答えを一つ選んでください。

　　a　肉や脂分を控える。

　　b　朝起きたらジムに通う。

　　c　ステーキを毎朝食べる。

　　d　日常的にトレーニングする。

❺.「[ⓓ]何よりも大切なのはメンタルだという」とありますが、具体的にどうすればよいと三浦さんは言っていますか。本文から言葉を探して、9字で書いてください。

					で	考	え	る

❻.この文章の主な内容は何ですか。答えを一つ選んでください。

　　a　三浦さんの功績

　　b　登山のすばらしさ

　　c　マイナス思考の害

　　d　三浦さんが元気な理由

① あなたの国で「これをすれば、長生きできる」とか、「これをすれば、病気にならない」と言われていることがありますか。

② 「読み物2」のタイトルは「老人力」です。この言葉を聞いて、どんなことをイメージしますか。

1　ⓐ「老人力」という言葉を聞いて、あなたはどんなことをイメージするだ

2　ろうか。

3　ある人は年をとっても筋骨隆々、鉄棒なんかをぐるぐる回っているよう

4　なお年寄り、またある人はドラゴンボールの亀仙人とか、スターウォーズの

5　ヨーダのような超人的パワーを備えたおじいさんキャラクターをイメージす

6　るかもしれない。しかし多くの人は、老人ならではの数多くの経験と知恵で

7　もって、若者や社会を導く力、といったようなことを思い描くのではないだ

8　ろうか。

9　この言葉の「発見者」で、同名の著作もある赤瀬川原平氏によると、ⓑ老

10　人力の典型は物忘れだという。

11　年をとると家族や友人どうしの会話の中で、「えーと、ほら、何だっけ」

12　というようなことをたびたび繰り返すようになる。共通の知識や記憶をお互

13　いに忘れかけてしまうのである。ある人物の話をしようとしているのだが、

どうしてもその人の名前が思い出せない。

「えーと、ほら、あの人、高校のときテニス部だった……」

「あの人でしょ。えーと、ほら、あの人……」

と、二人とも名前を忘れてしまって出てこない。でもお互い「あの人」だというのはわかっているから会話は続けられる。言葉はなくてもお互いの言いたいことはわかるというのだから、これはある種のテレパシー、それこそ亀仙人やヨーダの超人的パワーに通じるものと言えないこともない。

　また、ⓒ体力が弱まることも老人力の一つであると、赤瀬川氏は言う。野球でもなんでも、スポーツ選手になるためには皆、厳しいトレーニングを積んで体力をつけていく。しかし、余計な力が入りすぎるといい結果は出ない。コーチや監督が選手たちにしばしば「力むな」「力を抜いて行け」と声をかけるのもそのためだ。ところが、老人は言われなくても力が抜けているのだから、そのようなアドバイスを受ける必要はない。まさに力を超えた力だ。

　確かに、物忘れも体力の衰えも、普通はうれしいものではない。人間誰しも、いつまでも頭脳明晰でいたいし、元気はつらつでいたい。しかしながら、年をとるにつれて、記憶力は否応なく衰え、足腰は次第に弱くなっていく。だから皆、できれば年はとりたくないと考える。「俺も年だな」「あいつも年をとったな」というのは、ため息とともに漏れる、自他の老いに対する嘆きと憐れみの言葉だ。しかしこれを、「俺も老人力がついてきたぞ」「あいつも老人力がついてきたな」と言い換えてみるとどうだろう。ⓓなんだかそれだけで、わくわくしてこないだろうか。

　覚えることは学習すればできるし、体力をつけることはトレーニングすればできる。しかしその逆のことをする方法を聞かれても、すぐに答えるのは

14
15
16
17
18
19
20
21
22
23
24
25
26
27
28
29
30
31
32
33
34
35
36

難しい。つまり、忘れることも、力が抜けることも、年をとることを通じて
手に入れることのできる、老人ならではの特権と考えることだって可能なの
である。

　日本では男女ともども平均寿命が80歳を超え、老人でいる時間はますます
長くなっている。そんな中にあって「老人力」という言葉は、その長い時間
をポジティブに生きていくための、ひとつの助けになってくれるのではない
だろうか。

読み物2 問題

❶. 「⒜『老人力』という言葉を聞いて、あなたはどんなことをイメージするだろうか」

とありますが、最も一般的なイメージはどんなものだと筆者は考えていますか。本

文から言葉を探して、30字で書いてください。

														30

❷. 「⒝老人力の典型は物忘れだという」とありますが、「物忘れ」はどんな力を引き出

すと筆者は言っていますか。答えを一つ選んでください。

   a 言いたいことを察する力

   b 思い出そうと努力する力

   c 物事をより深く考える力

   d 会話を楽しいものにする力

❸. 「⒞体力が弱まることも老人力の一つである」とありますが、「体力が弱まる」と、

どんな「老人力」がつくと筆者は言っていますか。答えを一つ選んでください。

   a 体に余計な力が入らなくなる。

   b 体力を取り戻す努力をするようになる。

   c 他人のアドバイスを聞く必要がなくなる。

   d 自分と他人の老いを比べられるようになる。

❹．「[ⓓ]なんだかそれだけで、わくわくしてこないだろうか」とありますが、それはどうしてだと考えられますか。答えを一つ選んでください。

    a　「老人力」という言葉を使うと、それだけ自分の寿命が延びるから

    b　「老人力」という言葉を使うと、若いときの体力が戻ってくるから

    c　「老人力」という言葉を使うと、老いをプラスに考えられるようになるから

    d　「老人力」という言葉を使うと、周囲にかわいそうだと思われなくなるから

❺．＿＿＿＿＿に言葉を入れて、本文の内容をまとめてください。

年をとると、①＿＿＿＿＿＿＿＿も②＿＿＿＿＿＿＿＿も落ちるものだが、

③＿＿＿＿＿＿＿＿がついてきたと考えれば、④＿＿＿＿＿＿＿に

⑤＿＿＿＿＿＿＿いくことができる。

発　展

① 「老人力」という言葉について、あなたがイメージしたことと、「読み物2」
　に書かれていたことに、違いがありましたか。

② 「読み物1」「読み物2」、それぞれのキーワードを挙げてください。そこから、
　共通するメッセージを考えてみましょう。

③ ＿＿＿＿＿＿＿＿＿＿＿＿＿＿＿＿＿＿＿＿＿＿＿＿＿＿＿＿＿＿＿＿＿＿

平均寿命
国別ランキング

男　性		
1 位	スイス (CHE)	81.8 歳
2 位	日本 (JPN)	81.5 歳
3 位	オーストラリア (AUS)	81.3 歳
4 位	キプロス (CYP) ノルウェー (NOR)	81.1 歳
6 位	シンガポール (SGP)	81.0 歳
7 位	イタリア (ITA)	80.9 歳
8 位	アイスランド (ISL) イスラエル (ISR) スウェーデン (SWE)	80.8 歳

女　性		
1 位	日本 (JPN)	86.9 歳
2 位	韓国 (KOR)	86.1 歳
3 位	スペイン (ESP)	85.7 歳
4 位	シンガポール (SGP)	85.5 歳
5 位	キプロス (CYP) フランス (FRA) スイス (CHE)	85.1 歳
8 位	イタリア (ITA)	84.9 歳
9 位	オーストラリア (AUS) ドイツ (DEU)	84.8 歳

（World Health Organization『2022 年版　世界保健統計（World Health Statistics 2022）』より）

注目を集める「健康寿命」

　いつまでも元気で長生きしたい――。それは皆の願いです。日本は平均寿命が世界トップレベルの長寿大国ですが、長寿者には認知症や寝たきりなど、日常生活に支障のある人も含まれています。こうした中、いま「健康寿命」という言葉が注目を集めています。

　健康寿命とは、一生のうち、健康で支障なく日常の生活を送れる期間のことです。厚生労働省によると、2010年の健康寿命の平均は男性が70.42歳、女性が73.62歳でした。生存期間を示す平均寿命（10年）は男性79.55歳、女性86.30歳。健康寿命と比べると、男性は9.13年、女性は12.68年の差があります。この期間は日常生活に差し障りのある『不健康な期間』ということになります。

　健康寿命を延ばすには、例えば高血圧や糖尿病など生活習慣病が発症しないようにすること。そのためには、バランスのよい食生活や適度な運動、十分に休息をとり、たばこやお酒を控えめにするなど、生活習慣を整えることが大切です。

　高齢社会を迎えたわが国にとって、健康寿命を延ばすことは、大事な課題です。そしてそのためには、やはり国民一人ひとりの健康への関心や日頃の心がけが大切だということになるでしょう。

（2012年7月15日付読売新聞をもとに作成）

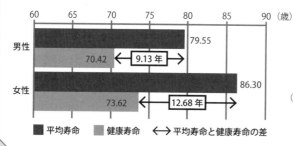

（厚生科学審議会地域保健健康増進栄養部会次期国民健康づくり運動プラン策定専門委員会（2012）「健康日本21（第2次）の推進に関する参考資料」4章　2. 具体的目標　図1より）

付録

語彙リスト
［英語・中国語・ベトナム語訳付き］

読み物	日本語	English	汉语	Tiếng Việt
	01　働かない働きアリ？			
読み物1	アリ［蟻］	ant	蚂蚁	Con kiến
読み物1	キリギリス	grasshopper	蝈蝈	Con dế
読み物1	冬ごもり	hibernation	猫冬	Ngủ đông
読み物1	食料	food	食物	Thức ăn
読み物1	かなでる	to play	演奏	Chơi
読み物1	怠け者	do-nothing	懒鬼	Người lười biếng
読み物1	そっけない	give the cold shoulder	不理不睬	Lạnh lùng
読み物1	さほど	not the slightest	并不那么	Chút nào
読み物1	落胆	discouraged	垂头丧气	Nản chí
読み物1	よそ	different	别处	Khác
読み物1	（帰り）かける	about to (leave)	正要(走)	Trở về
読み物1	代々	successive generations	世代	Nhiều đời
読み物1	勤労	hard work	勤劳	Lao động
読み物1	愛好	passion	热爱	Yêu thích
読み物1	負傷する	to get hurt	负伤	Làm bị thương
読み物1	空間	space	空间	Không gian
読み物1	ジュークボックス	jukebox	点唱机	máy hát tự động
読み物1	曲目	music title	曲目	Khúc nhạc
読み物1	ひらめき	revelation	灵光闪现	Sắc sảo
読み物1	発酵する	to ferment	发酵	Lên men
読み物1	おそるおそる	warily	战战兢兢	Rụt rè
読み物1	なめる	to lick	舔舐品尝	Liếm
読み物1	はるかに	far more	远比	Hơn, xa, nhiều
読み物1	一族	family	整个家族	Một gia đình
読み物1	崩壊する	to break down	崩溃	Suy sụp, sụp đổ
読み物1	地上	above ground	地面	Mặt đất
読み物1	慨嘆する	to lament	慨叹	Than thở
読み物1	なんたる	what on earth	何等	Chuyện gì thế này
読み物1	堕落	degeneration	堕落	Sa đọa
読み物1	遠からず	in the not distant future	不久	Trong tương lai không xa

読み物	日本語	English	汉语	Tiếng Việt
読み物1	説得する	to convince	说服	Thuyết phục
読み物1	在庫	inventory	存货	Lưu kho
読み物1	底をつく	to be exhausted	用尽	Cạn hết
読み物1	手におえない	cannot do on one's own	处理不了	Ngoài tầm kiểm soát
読み物1	つぶやく	to mutter	自言自语	Thì thầm
読み物1	信念	conviction	信念	Lòng tin
読み物1	連中	folks, crowd	同伴	Nhóm
1から2へ	メッセージ	message	信息	Thông điệp
読み物2	アリ[蟻]	ant	蚂蚁	Con kiến
読み物2	キリギリス	grasshopper	蝈蝈	Con dế
読み物2	准教授	Associate Professor	副教授	Phó giáo sư
読み物2	立証する	to demonstrate	证明	Chứng minh
読み物2	不測	unforeseen	不测	Không lường trước được
読み物2	対応する	to cope with	应对	Thích ứng
読み物2	グローバル	global	全球的	Toàn cầu, khắp thế giới
読み物2	効率性	efficiency	效率性	Tính hiệu suất
読み物2	追求する	to pursue	追求	Tìm kiếm
読み物2	潜む	found in	潜伏	Tìm ẩn, ẩn giấu
読み物2	巧妙さ	dexterity	巧妙性	Sự khéo léo
読み物2	見習う	to learn from	效仿	Học hỏi
読み物2	(1センチメートル)弱	under (1 cm)	近(1厘米)	Dưới (1cm)
読み物2	識別する	to distinguish	识别	Phân biệt
読み物2	石こう	plaster	石膏	Thạch cao
読み物2	巣穴	nest hole	巢穴	Hang
読み物2	水槽	tank	水槽	Bể nước
読み物2	なめる	to lick	舔舐品尝	Liếm
読み物2	感度	sensitivity	敏感度	Độ nhạy
読み物2	反応	response	反应	Phản ứng
読み物2	いき値	threshold	临界值	Ngưỡng
読み物2	個体	individual	个体	Cá thể

読み物	日本語	English	汉语	Tiếng Việt
読み物2	ユニーク [な]	unique	独特(的)	Độc nhất
読み物2	飼育する	to breed	饲养	Nuôi dưỡng
読み物2	突き止める	to uncover	查明	Phát hiện
読み物2	ばらつき	variation	偏差	Phân tán
読み物2	怠け者	do-nothing	懒鬼	Người lười biếng
読み物2	存続	survival	存续	Tồn tại
読み物2	有事	emergency	非常事态	Tình trạng khẩn cấp
読み物2	着目する	to focus	着眼	Chú ý
読み物2	仮説	hypothesis	假说	Giả thuyết
読み物2	猛烈 [な]	severely	激烈(的)	Mãnh liệt
読み物2	(疲れ)果てる	to be (tired) out	(劳累)之极	(Mệt mỏi) vô cùng
読み物2	滅びる	to perish	灭绝	Bị phá hủy
読み物2	世代	generations	世代	Thế hệ, thời kỳ
読み物2	絶滅	extinction	灭绝	Diệt trừ
読み物2	リスク	risk	风险	Rủi ro
読み物2	回避	avoidance	回避	Tránh né
読み物2	(最)優先する	to give (top) priority	(最)优先	Ưu tiên (cao nhất)
読み物2	仕組み	system	机制	Cơ cấu, tổ chức
読み物2	採用する	to adopt	采用	Áp dụng, sử dụng, tuyển dụng
読み物2	シミュレーション	simulation	模拟	Mô phỏng
読み物2	模擬	simulated	模拟	Bắt chước
読み物2	多様性	diversity	多样性	Tính đa dạng
読み物2	戦略	strategy	战略	Chiến lược
読み物2	成果	outcomes	成果	Thành quả
読み物2	管理職	executive	管理者	Vị tí quản lý
読み物2	セミナー	seminar	研讨会	Hội thảo
読み物2	引っ張りだこ	be much in demand	各方争抢的人(或东西)	Rất nổi tiếng
読み物2	人材	personnel	人材	Nguồn nhân lực
読み物2	確保する	to secure	确保	Đảm bảo
読み物2	ホッとする	to feel relieved	放心	Nhẹ nhõm
読み物2	裏付ける	to be backed by	印证	Hỗ trợ

読み物	日本語	English	汉语	Tiếng Việt
読み物2	バブル	bubble economy, high economic growth	泡沫(经济)	(Nền kinh tế) bong bóng
読み物2	崩壊（ほうかい）	collapse	崩溃	Sụp đổ
読み物2	経費（けいひ）	cost	经费	Kinh phí
読み物2	削減（さくげん）	reduction	削减	Cắt giảm
読み物2	リストラ	corporate downsizing	裁员	Tái cơ cấu
読み物2	明け暮れる（あけくれる）	to be preoccupied with	埋头于	Dành hết thời gian
(問題)	(仲間)同士（なかまどうし）	between (mates)	同伴	Nhóm (bạn bè)
コラム	イソップ童話（どうわ）	Aesop's Fables	伊索寓言	Truyện ngụ ngôn Aesop
コラム	アリ[蟻]	ant	蚂蚁	Con kiến
コラム	キリギリス	grasshopper	蝈蝈	Con dế
コラム	カメ[亀]	turtle	乌龟	Rùa
コラム	(読み)継ぐ（よみつぐ）	(read) through the generations	继续(阅读)	Kế thừa (việc đọc)
コラム	紀元前（きげんぜん）	BC (before Christ)	公元前	Trước công nguyên
コラム	古代（こだい）	ancient	古代	Cổ đại
コラム	宣教師（せんきょうし）	missionary	传教士	Nhà truyền giáo
コラム	江戸時代（えどじだい）	Edo Period	江户时代	Thời đại Edo
コラム	明治時代（めいじじだい）	Meiji Period	明治时代	Thời đại Minh Trị
コラム	採用する（さいよう）	to be selected	采用	Áp dụng, sử dụng, tuyển dụng
コラム	セミ[蝉]	cicada	蝉	Con ve sầu
コラム	結末（けつまつ）	ending	结果	Kết thúc

02　血液型

読み物	日本語	English	汉语	Tiếng Việt
読み物1	占い（うらない）	fortune-telling	卜卦	Tiên đoán vận mệnh
読み物1	ドヨーン(とする)	bleak	意气消沉(的样子)	Ủ ê
読み物1	大ざっぱ[な]（おお）	not attentive to details	大大咧咧(的)	Đại khái
読み物1	ほどよく	not too much or too little, just right	程度正好	Ôn hòa
読み物1	こだわり	to be particular about something	讲究	Câu nệ, để ý
読み物1	よっぽど	much (more), far (more)	更加	Rất, nhiều
読み物1	同調する（どうちょう）	to go with the flow	赞同	Đồng tình

語彙リスト

137

読み物	日本語	English	汉语	Tiếng Việt
読み物1	クイズ	quiz	猜谜	Câu đố
読み物1	わいわいと	sharing laughs and having fun with people	吵吵嚷嚷	Ồn ào
読み物1	高名[な]	renowned	声名显赫(的)	Nổi tiếng
読み物1	占師	fortune teller	占卜师	Thầy bói
読み物1	群れる	to be in groups	群集	Tụ tập
読み物1	変わり者	a person who is peculiar or odd	怪人	Kẻ lập dị
読み物1	当てはまる	to apply	符合	Thích hợp
読み物1	根拠	basis	根据	Căn cứ
読み物1	自己チュー[=自己中心的[な]]	self-centered	以自我为中心	Tự cao tự đại (= tính tự cao tự đại)
(問題)	自己中心的[な]	self-centered	以自我为中心(的)	Tính tự cao tự đại
1から2へ	占い	fortune-telling	卜卦	Tiên đoán vận mệnh
1から2へ	一人っ子	only child	独生子	Con một
1から2へ	間っ子	middle child	兄弟姐妹中排在中间的孩子	Con giữa
読み物2	根拠	basis	根据	Căn cứ
読み物2	見いだす	to find	发现	Tìm thấy
読み物2	偽(科学)	false (science)	伪(科学)	(Khoa học) giả
読み物2	強固[な]	strongly	牢固(的)	Mạnh mẽ, kiên cố
読み物2	根深い	deep-rooted	根深蒂固	Ăn sâu
読み物2	対処	response, to adress	处理	Xử lý
読み物2	理論	theory	理论	Lý thuyết
読み物2	当てはまる	to apply	符合	Thích hợp
読み物2	開設する	to open	开设	Xây dựng
読み物2	究極	ultimate	终极	Cuối cùng
読み物2	題する	entitled	题名	Với tiêu đề
読み物2	(9)割	(90) percent	(9)成	(90) %
読み物2	広まる	to become popular	扩展	Lan truyền
読み物2	著書	book	著作	Tác phẩm
読み物2	相性	compatibility	契合性	Tính tương thức
読み物2	根強い	persistent	根深蒂固的	Bén rễ sâu
読み物2	ブーム	boom	流行潮	Bùng nổ

読み物	日本語	English	汉语	Tiếng Việt
読み物2	独自（どくじ）	unique to	独特	Độc đáo
読み物2	民族（みんぞく）	ethnicity	民族	Dân tộc
読み物2	大手（おおて）	leading, major	大企业	Hàng đầu
読み物2	家電（かでん）	home appliance	家电	Thiết bị điện gia dụng
読み物2	メーカー	manufacturer	制造商	Nhà sản xuất
読み物2	ユニーク[な]	unique	独特(的)	Độc nhất
読み物2	開発する（かいはつ）	to develop	开发	Phát triển
読み物2	プロジェクト	project	项目	Dự án
読み物2	編成（へんせい）	formation	组编	Hình thành
読み物2	採用（さいよう）	hire	录用	Áp dụng, sử dụng, tuyển dụng
読み物2	BPO[放送倫理・番組向上機構]（ほうそうりんり・ばんぐみこうじょうきこう）	BPO [Broadcasting Ethics & Program Improvement Organization]	BPO[广播电视伦理与节目质量促进机构]	BPO (Tổ chức nâng cao chương trình và đạo đức phát sóng)
読み物2	裏付け（うらづけ）	backing	印证	Hỗ trợ
読み物2	実証（じっしょう）	verify	以事实证明	Thực chứng
読み物2	放送局（ほうそうきょく）	broadcaster	广播电视台	Đài truyền thanh
読み物2	配慮（はいりょ）	attention	关照	Quan tâm
読み物2	（ブラッドタイプ）ハラスメント	(blood type) harassment	(血型)骚扰	Quấy rối (nhóm máu)
読み物2	決めつける（き）	to make assumptions	片面断定	Trách mắng, quở trách
読み物2	初対面（しょたいめん）	to meet for the first time	初次见面	Gặp lần đầu
(問題)	悩み（なや）	to have concerns	烦恼	Phiền não
(問題)	血縁（けつえん）	blood tie	血缘	Cùng huyết thống
発展	ハラスメント	harassment	歧视骚扰	Quấy rối
発展	初対面（しょたいめん）	to meet for the first time	初次见面	Gặp lần đầu
コラム	ポイント	factor	要点	Điểm
コラム	受賞する（じゅしょう）	to win	获奖	Nhận được
コラム	抗原（こうげん）	antigen	抗原	Kháng nguyên

読み物	日本語	English	汉语	Tiếng Việt
		03　言葉の意味		
扉	萌え	strong affection	萌	Phải lòng, động lòng
読み物1	編む	to compile	编辑	Biên tập
読み物1	デジタル	electronic	数字的	Kỹ thuật số
読み物1	(デジタル)版	(electronic) version	(数字)版	Phiên bản (Kỹ thuật số)
読み物1	語釈	interpretation of words	词句解释	Giải thích từ
読み物1	公募(する)	to solicit	公开募集	Phát hành
読み物1	採り入れる	to incorporate	采用	Lựa chọn để sử dụng
読み物1	試み	endeavor	尝试	Việc thử
読み物1	萌え	strong affection	萌	Phải lòng, động lòng
読み物1	改訂する	to revise, to update	修订	Sửa đổi
読み物1	収録する	to include	收录	Ghi lại
読み物1	捉え直す	to reinterpret	重新审视	Nắm bắt lại
読み物1	打ち出す	to present	打出	Trình bày, đưa ra
読み物1	投稿	submission, to submit a post	投稿	Cộng tác, đóng góp
読み物1	公開する	to make available	公开	Công khai
読み物1	義両親	parents-in-law	配偶的父母	Ba mẹ vợ hoặc chồng
読み物1	同居	to live together	同居	Sống chung
読み物1	(努力)次第	subject to (effort)	由(努力)决定	Tùy theo (sự nỗ lực)
読み物1	世	society	世间	Thế giới, xã hội
読み物1	わし	my (informal/formal term used by elderly men)	俺	Tôi (cách xưng hô của đàn ông trung niên)
読み物1	にじむ	embedded	渗透	Chảy, rò rỉ
読み物1	一面	one aspect	单一方面	Toàn bộ, một mặt
読み物1	リアリティー	reality	真实性	Tính hiện thực
読み物1	コラム	(newspaper/magazine) column	专栏	Mục
読み物1	定義	definition	定义	Định nghĩa
読み物1	共有する	to share	共有	Chia sẻ
読み物1	本能	instinct	本能	Bản năng
読み物1	遺伝的[な]	hereditary	遗传的	Tính di truyền
読み物1	脅威	threat	威胁	Uy hiếp, đe dọa

読み物	日本語	English	汉语	Tiếng Việt
読み物1	（女）同士	among (women)	（女性）同伴	Nhóm (nữ)
読み物1	合コン	matchmaking get-together	男女联谊会	Bữa tiệc
読み物1	幹事	organizer	干事	Quản lý, người điều hành
読み物1	円滑	harmonious	圆满	Trôi chảy, thuận lợi
読み物1	魔法	magical	魔法	Ma thuật
読み物1	発する	to utter	发出	Phát biểu, thốt lên, nói lên
読み物1	個性派	one of a kind	个性派	Loại độc đáo
読み物1	正統派	orthodox	正统派	Loại chính thống
読み物1	先駆け	pioneer	先驱	Đi đầu, tiên phong
読み物1	前身	precursor	前身	Tiền thân
読み物1	累計	cumulative total	累计	Tổng số
読み物1	公僕	public servant	公仆	Công chức
読み物1	権力	power	权力	Quyền lực
読み物1	行使する	to exercise	行使	Hành động
読み物1	奉仕する	to render service	效力	Phục vụ
読み物1	称	name	称呼	Tên
読み物1	実情	actual situation	实情	Tình hình thực tế
読み物1	程遠い	far short of	相当遥远	Chặng đường xa
読み物1	蛤	common orient clam	蛤蜊	Sò
読み物1	編者	editor	编者	Biên tập viên
読み物1	透ける	to be transparent	通透	Xuyên đến, thấy rõ
読み物1	初版	first edition	初版	Xuất bản đầu tiên
読み物1	熱狂的[な]	enthusiastic	狂热的	Cuồng nhiệt
読み物1	お年玉	Otoshidama, money given to children on New Year's day	压岁钱	Tiền mừng tuổi năm mới
読み物1	仕掛け	trick	招数	Cơ cấu, cơ chế
読み物1	生き	living (document)	新鲜程度	Sống
読み物1	低迷する	to stagnate	低迷	Sụt giảm, đình trệ
読み物1	ニーズ	needs	需求	Nhu cầu
読み物1	高まる	to increase	高涨	Nâng cao
読み物1	急落（する）	to fall sharply	暴跌	Hạ đột ngột

読み物	日本語	English	汉语	Tiếng Việt
読み物1	ヒット数	number of hits	搜索量	Số lượng kết quả tìm kiếm
読み物1	収益	revenue	收益	Lợi nhuận, tiền lãi
読み物1	~系	related	~系列	Hệ ~
読み物1	アプリ[アプリケーション]	app	应用[应用程序]	App (ứng dụng)
読み物1	追究する	to pursue	追求	Tra cứu
読み物1	電子(版)	electronic (version)	电子(版)	(Phiên bản) điện tử
(問題)	視点	perspective	视角	Quan điểm
(問題)	対応する	to adapt	应对	Đối ứng
(問題)	タイムリー[な]	timely	适时的	Kịp thời
(問題)	取り組み	initiative	举措	Nỗ lực
読み物2	情け	mercy	同情	Lòng trắc ẩn, thông cảm, đồng cảm
読み物2	落ち込む	to feel discouraged	情绪低落	Giảm xuống
読み物2	情けを掛ける	to show mercy	给予同情	Lòng trắc ẩn, thông cảm, đồng cảm
読み物2	報い	reward	报酬	Báo đáp
読み物2	補注	note	补注	Bổ sung
読み物2	情(をかける)	(to show) mercy	(给予)同情	Lòng trắc ẩn, thông cảm, đồng cảm
読み物2	解する	to interpret	解释	Hiểu
読み物2	近年	recent years	近几年	Những năm gần đây
読み物2	自立	to become self-reliant	自立	Tự lập
読み物2	わざわざ	deliberately, to make a point of	特意	Cố ý
読み物2	指摘する	to point out	指出	Chỉ ra, chỉ trích
読み物2	思いやり	compassion	体贴	Quan tâm
読み物2	訪れる	to come	到来	Ghé thăm
読み物2	世論	public opinion	舆论	Công luận
読み物2	(46%)弱	under (46%)	近(46%)	Ít hơn (46%) yếu
コラム	瓜	gourd	瓜	Quả bầu
コラム	雀	sparrow	麻雀	Chim sẻ
コラム	一節	a passage	一段	Đoạn văn
コラム	マジ	truly	真的	Sự nghiêm túc

読み物	日本語	English	汉语	Tiếng Việt
04　IT社会				
扉	ばかにする	to make a mock of	欺负	Chế nhạo, đùa cợt
扉	悪ふざけ	prank	恶作剧	Trò đùa
扉	ジャンル	genre	种类	Thể loại
扉	パズル	puzzle	智力测验题	Xếp hình
読み物1	交わす	to make	交换	Trao đổi
読み物1	ばかにする	to make a mock of	欺负	Chế nhạo, đùa cợt
読み物1	悪ふざけ	prank	恶作剧	Trò đùa
読み物1	小言	lecture	牢骚	Bắt bẻ, cầu nhàu, than phiền
読み物1	賞賛する	to praise	称赞	Tán thưởng
読み物1	トラブル	trouble, problem	麻烦	Rắc rối
読み物1	ネット	Internet	互联网	Internet
読み物1	空間	space	空间	Không gian
読み物1	非寛容性	intolerance	非宽容性	Tính không khoan dung
読み物1	あっという間に	instantly	瞬间地	Trong nháy mắt
読み物1	半永久的に	almost permanently	半永久性地	Mãi mãi
読み物1	過ち	mistake	错误	Sai lầm
読み物1	没入する	to become immersed in	沉浸	Miệt mài, say sưa
読み物1	(ネット)中毒	(Internet) addiction	(网络)中毒	Nghiện (mạng)
読み物1	思考する	to think	思考	Suy nghĩ, trăn trở
読み物1	たどり着く	to arrive at	终于找到	Dò dẫm
読み物1	有害[な]	harmful	有害(的)	Có hại
読み物1	テクノロジー	technology	技术	Công nghệ
読み物1	時代遅れ	behind the times	落伍	Tụt hậu
読み物1	狭める	to limit	缩小	Thu hẹp lại
読み物1	本質	essence	本质	Bản chất
読み物1	経る	to undergo	经过	Trải qua
読み物1	養う	to develop	培养	Nuôi nắng
(問題)	巻き込む	to embroil in	卷入	Cuốn vào
読み物2	断食	fasting	绝食	Nhịn ăn
読み物2	欠かせない	indispensable	不可缺少	Không thể thiếu

読み物	日本語	English	汉语	Tiếng Việt
読み物2	近年 (きんねん)	recent years	近几年	Những năm gần đây
読み物2	取り組み (とりくみ)	initiative	举措	Nỗ lực
読み物2	多用する (たようする)	to make great use of	经常使用	Sử dụng thường xuyên
読み物2	フェイス・トゥ・フェイス	face-to-face	面对面	Mặt đối mặt
読み物2	トラブル	trouble, problem	麻烦	Rắc rối
読み物2	カーボンコピー [CC機能] (きのう)	carbon copy [CC function]	抄送[CC功能]	Tạo ra bản sao (chức năng CC)
読み物2	濫用 (らんよう)	overuse	滥用	Sự lạm dụng
読み物2	部署 (ぶしょ)	division	部门	Cương vị
読み物2	社外 (しゃがい)	outside the company	公司外部	Ngoài công ty
読み物2	上司 (じょうし)	supervisor	上司	Cấp trên
読み物2	部下 (ぶか)	subordinate	部下	Cấp dưới
読み物2	出向く (でむく)	to go	前去	Đi đến
読み物2	短縮する (たんしゅくする)	to shorten	缩短	Rút ngắn
読み物2	把握する (はあくする)	to grasp	把握	Nắm bắt
読み物2	アドバイス	advice	建议	Lời khuyên, tư vấn
読み物2	潜む (ひそむ)	to hide, to lurk in	潜伏	Tìm ẩn, ẩn giấu
読み物2	摘み取る (つみとる)	to pick up	除掉	Nhổ lên
読み物2	陥る (おちいる)	to fall into	陷入	Rơi vào
読み物2	飲料 (いんりょう)	beverage	饮料	Đồ uống
読み物2	メーカー	manufacturer	制造商	Nhà sản xuất
読み物2	受け止める (うけとめる)	to take (seriously)	认识接受并致力于解决(问题)	Ngăn trở, ngăn ngừa
読み物2	転送する (てんそうする)	to forward	转发	Chuyển đến, gửi đến
読み物2	プレミアムタイム	premium time	高级时间	Thời gian nghỉ, thời gian thư giãn
読み物2	社内 (しゃない)	intra-company	公司内部	Trong công ty
読み物2	深める (ふかめる)	to deepen	深化	Làm tăng thêm, nâng cao
読み物2	デザイン	design	设计	Thiết kế
読み物2	こだわる	be hung up on	讲究	Để ý, kén chọn
読み物2	中身 (なかみ)	content	内容	Bên trong, nội dung
読み物2	意図 (いと)	intention	意图	Ý định, mục đích

読み物	日本語	English	汉语	Tiếng Việt
読み物2	導入	introduction	引入	Áp dụng, sử dụng
読み物2	戸惑い	hesitation	困惑	Mất phương hướng, không biết cách làm
読み物2	反発	objection	反对	Khước từ, từ chối
読み物2	次第に	gradually	逐渐地	Dần dần
読み物2	足を運ぶ	to go to	特地前往	Đến
読み物2	活性化	rejuvenation	活跃化	Kích hoạt
読み物2	開発	development	开发	Phát triển
読み物2	プレゼンテーション	presentation	发表	Trình bày
読み物2	貸与する	to lend	出借	Cho vay
読み物2	撤去	taken away	撤去	Hủy bỏ, bãi bỏ
読み物2	件数	number of instances	件数	Số vụ
読み物2	大幅 [な]	significantly	大幅度(的)	Đáng kể, tương đối
読み物2	見込み	prospects	估计	Triển vọng
読み物2	当初	initial	当初	Ngay từ đầu
読み物2	わずか	in a mere	仅仅	Chỉ một chút, một ít
読み物2	成果	achievement	成果	Thành quả
読み物2	練る	to draw up	构想	Gọt giũa, trau chuốt
読み物2	企画	planning	企划	Lên kế hoạch
読み物2	同業他社	other companies in the same industry	同行企业	Công ty khác trong cùng một ngành
読み物2	もたらす	to bring	带来	Đem đến, mang lại
読み物2	追いかける	to go after	追赶	Theo đuổi
読み物2	思わぬ	unexpected	意想不到的	Bất ngờ, thình lình
読み物2	生じる	to emerge	产生	Phát sinh, nảy sinh
読み物2	取り除く	to remove	去除	Loại trừ, trừ bỏ
読み物2	試み	endeavor	尝试	Việc thử
(問題)	(社員)同士	fellow (employee)	(员工)之间	(Nhân viên) với nhau
(問題)	品質	quality	品质	Chất lượng
(問題)	共有する	to share	共有	Chia sẻ
発展	機器	device	机器	Trang thiết bị
コラム	開発する	to develop	开发	Phát triển
コラム	参照	reference	参照	Tham khảo

読み物	日本語	English	汉语	Tiếng Việt
コラム	利便性（りべんせい）	convenience	便利性	Tính tiện lợi
コラム	格段に（かくだん に）	dramatically	显著地	Đặc biệt, đáng kể
コラム	向上する（こうじょう する）	to improve	提高	Nâng cấp
コラム	さぞや	surely	想必	Chắc chắn
コラム	大儲け（おおもうけ）	large profit	发大财	Lợi nhuận lớn
コラム	無償（むしょう）	for free	无偿	Không bồi thường
コラム	公開する（こうかい する）	to disclose	公开	Công khai

05　ゲーム

読み物	日本語	English	汉语	Tiếng Việt
読み物1	飛躍（ひやく）	dramatic development/stride	发展	Bước nhảy vọt
読み物1	創業（そうぎょう）	founding	创业	Sáng lập
読み物1	中小企業（ちゅうしょうきぎょう）	small and medium-sized enterprises	中小企业	Doanh nghiệp vừa và nhỏ
読み物1	国産（こくさん）	domestically produced	国产	Sản xuất trong nước
読み物1	拠点（きょてん）	base	据点	Trụ sở
読み物1	流通網（りゅうつうもう）	distribution network	分销链	Mạng lưới phân phối
読み物1	規模（きぼ）	scale/scope	规模	Quy mô
読み物1	事業（じぎょう）	business	产业	Hoạt động kinh doanh
読み物1	遂げる（とげる）	to accomplish/achieve	实现	Đạt được
読み物1	交渉する（こうしょう する）	to negotiate	交涉, 协商	Thương lượng
読み物1	キャラクター	character(s)	卡通形象	Vật biểu tượng
読み物1	獲得する（かくとく する）	to acquire	取得	Có được
読み物1	理工（りこう）	science and technology	理工	Khoa học và công nghệ
読み物1	採用（さいよう）	adoption	录用	Tuyển dụng
読み物1	有数（ゆうすう）	prominent	屈指可数	Nổi tiếng hàng đầu
読み物1	エレクトロニクス	electronics	电子学	Điện tử
読み物1	任す（まかす）	to entrust	委任	Phó thác
読み物1	玩具（がんぐ）	toy(s)	玩具	Đồ chơi
読み物1	直属（ちょくぞく）	direct (supervision)	直属	Trực thuộc
読み物1	部署（ぶしょ）	department	部门	Bộ phận
読み物1	新設する（しんせつ する）	to establish	新设立	Thành lập mới

読み物	日本語	English	汉语	Tiếng Việt
読み物1	開発(部)（かいはつぶ）	development (department)	开发(部门)	(Bộ phận) nghiên cứu phát triển
読み物1	活かす（いかす）	to make use of	发挥	Vận dụng
読み物1	至る（いたる）	to reach/arrive at (a stage)	实现	Đạt đến
読み物1	携帯(型)（けいたいがた）	portable (type)	便携(型)	(Dạng) di động
読み物1	体質（たいしつ）	constitution	素质	Cấu trúc
読み物1	一体(型)（いったいがた）	combined (type)	一体(型)	(Dạng) tích hợp
読み物1	主（しゅ）	main focus	主	Chính
読み物1	従（じゅう）	secondary focus	次	Phụ
読み物1	路線（ろせん）	course	方针	Lộ trình
読み物1	ご褒美（ごほうび）	a reward	奖赏	Phần thưởng
読み物1	前掲(書)（ぜんけいしょ）	aforementioned (document)	上述(著作)	Bản đề cập trước đó
読み物1	娯楽（ごらく）	entertainment	娱乐	Trò giải trí
読み物1	もたらす	to bring about	带给,带来	Đem đến
(問題)	規模（きぼ）	scale/scope	规模	Quy mô
読み物2	擁する（ようする）	to possess	拥有	Sở hữu
読み物2	先進国（せんしんこく）	developed country	发达国家	Nước tiên tiến
読み物2	本場（ほんば）	home of/center	发源地	Đích thực
読み物2	近隣（きんりん）	neighbor	邻近	Lân cận
読み物2	盛り上がり（もりあがり）	climax/boom	火热程度	Sự náo nhiệt
読み物2	今一つ（いまひとつ）	lacking	略有欠缺	Chưa đủ
読み物2	著書（ちょしょ）	book	著作	Tác phẩm
読み物2	開催する（かいさいする）	to hold (an event)	召开	Tổ chức
読み物2	賭ける（かける）	to wager	赌	Đặt cược
読み物2	分配する（ぶんぱいする）	to distribute	分发	Phân bố
読み物2	行為（こうい）	an act/deed	行为	Hành vi
読み物2	原則（げんそく）	principle	原则上	Nguyên tắc
読み物2	登録（とうろく）	registration	注册	Đăng ký
読み物2	熱狂する（ねっきょうする）	to be fanatic about	狂热	Cuồng dại
読み物2	知名度（ちめいど）	notoriety	知名度	Mức độ nổi tiếng
読み物2	生計（せいけい）	livelihood	生计	Kế sinh nhai
読み物2	(収入)源（しゅうにゅうげん）	source (of income)	(收入)来源	Nguồn (thu nhập)

読み物	日本語	English	汉语	Tiếng Việt
読み物2	スポンサー	sponsor(s)	赞助商	Tài trợ
読み物2	配信（はいしん）	broadcast	发布	Phát tin
読み物2	トレーナー	trainer(s)	教练	Người hướng dẫn
読み物2	投稿する（とうこう）	to post (on social media)	上传	Đăng
読み物2	獲得する（かくとく）	to acquire	获得	Có được
読み物2	所属する（しょぞく）	to be affiliated with	所属	Trực thuộc
読み物2	（プロ）ライセンス	(professional) license	(专业)执照	Giấy phép (chuyên nghiệp)
読み物2	発足する（ほっそく）	to establish (an event)	启动, 成立	Thành lập
読み物2	充実する（じゅうじつ）	to enhance	完备	Đầy đủ
読み物2	見逃せない（みのが）	unmissable	不可忽视	Không thể bỏ qua
読み物2	カリキュラム	curriculum	课程	Chương trình học
読み物2	実況（じっきょう）	actual state	实况	Tình hình thực tế
読み物2	運営する（うんえい）	to operate/to administrate	运营	Điều hành
読み物2	開設する（かいせつ）	to establish	开设	Thành lập
読み物2	強豪（きょうごう）	powerhouse	强劲	Hàng đầu
コラム	認定する（にんてい）	to certify	判定	Chứng nhận
コラム	依存症（いそんしょう）	dependence	成瘾	Chứng nghiện
コラム	不可欠[な]（ふかけつ）	essential	必不可少(的)	Không thể thiếu
コラム	関心事（かんしんじ）	matter of interest	感兴趣的事情	Vấn đề quan tâm
コラム	優先(度)（ゆうせん ど）	(level of) priority	优先(排序)	(Mức độ) ưu tiên
コラム	欠かせない（か）	indispensable	不可缺少	Không thể thiếu

06　Kawaii

読み物	日本語	English	汉语	Tiếng Việt
読み物1	投げかける（な）	to pose	提问	Bao gồm
読み物1	反応（はんのう）	response	反应	Phản ứng
読み物1	若者（わかもの）	young people	年轻人	Người trẻ, giới trẻ
読み物1	アルファベット	roman letters	字母	Bảng chữ cái
読み物1	表記（ひょうき）	represent	表示	Ghi
読み物1	象徴（しょうちょう）	symbol	象征	Biểu tượng, tượng trưng
読み物1	キャラクター	(cartoon) character	卡通形象	Nhân vật
読み物1	世（よ）	world	世间	Thế giới, xã hội

読み物	日本語	English	汉语	Tiếng Việt
読み物1	圧倒的 [な]	considerable	绝对的	Áp đảo
読み物1	保つ	to maintain	保持	Bảo vệ, đảm bảo
読み物1	感情移入する	to empathize with	移情	Đồng cảm
読み物1	(愛して)やまない	cannot help (loving)	(爱个)不休	Mãi mãi (yêu)
読み物1	ファン	fan	迷	Người hâm mộ
読み物1	いたるところで	all over	到处	Bất cứ đâu
読み物1	耳にする	to hear	听说	Nghe về
読み物1	デザイン	design	设计	Thiết kế
読み物1	(二)頭身	head and body (of equal length)	身体是(两个)头的大小	Đầu và thân (2)
読み物1	(二)次元	(two-) dimensional	(二)维度	(2) chiều
読み物1	立体的 [な]	three-dimensional	立体的	Lập thể
読み物1	癒す	to ease the mind	医治	Chữa khỏi, điều trị
読み物1	シンボル	symbol	象征	Biểu tượng
読み物1	マーク	attribute	标记	Dấu hiệu
読み物1	行きわたる	to spread	渗透	Lưu hành, lan rộng
1から2へ	タイトル	title	题目	Tiêu đề
1から2へ	予想する	to predict	预想	Dự báo, dự tính
読み物2	支持する	to be a fan of	支持	Chống đỡ, duy trì
読み物2	ことごとく	all aspects	全部	Tất cả
読み物2	世代	generation	年代	Thế hệ, thời kỳ
読み物2	心惹かれる	to be drawn by	被迷住	Bị mê hoặc bởi
読み物2	キャラクター	(cartoon) character	卡通形象	Nhân vật
読み物2	出自	origin	出身	Xuất thân
読み物2	ファン	fan	迷	Người hâm mộ
読み物2	野暮 [な]	nonsense	俗气(的)	Cục mịch, thô lỗ
読み物2	象徴	symbol	象征	Biểu tượng, tượng trưng
読み物2	勧善懲悪	rewarding good and punishing evil	罚恶扬善	Thưởng phạt xứng đáng
読み物2	ファミリーオリエンテッド	family-oriented	家庭倾向的	Định hướng gia đình
読み物2	活発 [な]	lively	活泼(的)	Hoạt bát, khoẻ mạnh
読み物2	饒舌 [な]	talkative	饶舌(的)	Nói nhiều, ba hoa

読み物	日本語	English	汉语	Tiếng Việt
読み物2	コマーシャリズム	commercialism	商业主义	Óc kinh doanh
読み物2	及ぶ	span	达到	Đạt đến, lan ra
読み物2	グローバル化	globalization	全球化	Toàn cầu hóa
読み物2	モノクロ	black and white	黑白	Đơn sắc
読み物2	カラー	color	彩色	Màu sắc
読み物2	持論	theory	一贯的主张	Lý thuyết
読み物2	虜にする	to captivate	使人着迷	Cuốn hút, mê hoặc
読み物2	思い浮かぶ	to come to mind	想起来	Hồi tưởng lại, nhớ lại
読み物2	所属する	to be affiliated with	所属的	Thuộc về, trực thuộc
読み物2	ヒーロー	hero	主人公	Người hùng
読み物2	容姿	appearance	姿容	Diện mạo, tướng mạo
読み物2	ニコニコ	with a smile on one's face	笑嘻嘻	Cười mỉm
読み物2	無口[な]	silent	寡言少语(的)	Kín miệng
読み物2	ずんぐり	stubby	胖墩墩	Ngắn và to
読み物2	いかにも	to obviously seem	实在	Quả nhiên
読み物2	ぶら下げる	to have hanging	悬挂	Mang, treo
読み物2	敢えて	to allow oneself to	勉强	Dám, mất công
読み物2	誇る	to present with pride	夸耀	Tự cao, kiêu ngạo
読み物2	コンセプト	concept	概念	Khái niệm
読み物2	概念	concept	概念	Khái niệm
読み物2	極めて	extremely	极其	Cực kỳ, rất
読み物2	曖昧模糊	abstract	含糊不清	Mơ hồ không rõ ràng
読み物2	範疇	category	范畴	Hạng mục, loại
読み物2	美学	aesthetics	美学	Mỹ học
読み物2	内包する	to encapsulate	包含	Bao hàm, bao gồm
読み物2	後押しする	to support	支援	Hỗ trợ, ủng hộ
読み物2	沈黙[沈黙は金]	silence [silence is golden]	沉默[沉默是金]	Im lặng (im lặng là vàng)
読み物2	体現する	to manifest	体现	Hiện thân, biểu hiện
読み物2	対極	the opposite end	相反的极端	Đối lập, trái ngược
読み物2	据える	to situate	占据位置	Đặt
読み物2	ベース	base	基础	Nền tảng, dựa trên

読み物	日本語	English	汉语	Tiếng Việt
読み物2	悪役 (あくやく)	villain	反面角色	Nhân vật phản diện, kẻ xấu
読み物2	アニメ	anime	动画	Phim hoạt hình
読み物2	コンテンツ	contents	内容	Nội dung
読み物2	狡猾さ (こうかつ)	cunningness	狡猾	Sự gian trá
読み物2	捉える (とら)	to be seen	理解	Đánh
読み物2	熱狂的 [な] (ねっきょうてき)	avid	狂热的	Cuồng nhiệt
読み物2	これみよがし [な]	flauntingly	炫耀	Khoe khoang, phô trương
読み物2	受け入れる (う い)	to accept	接受	Thu vào, tiếp nhận
読み物2	流暢 [な] (りゅうちょう)	fluent	流畅(的)	Lưu loát, trôi chảy
読み物2	凹凸 (おうとつ)	uneven	凹凸	Lồi lõm, không bằng phẳng
読み物2	自然体 (しぜんたい)	natural	自然状态	Tư thế tự nhiên, lập trường thoải mái
読み物2	愛らしい (あい)	lovable	可爱的	Dễ thương
読み物2	ディベート	debate	辩论	Tranh luận
読み物2	疲労困憊する (ひろうこんぱい)	to be worn out	精疲力尽	Thực sự kiệt sức, mệt mỏi
読み物2	ウトウトする	to be falling asleep	迷迷糊糊似睡非睡	Ngủ lơ mơ
読み物2	予想外 (よそうがい)	unexpected	意料之外	Ngoài báo, dự tính
読み物2	反応 (はんのう)	response	反应	Phản ứng
読み物2	心地 (のいい) (ここち)	to find agreeable or comfortable	心情(舒服的)	Tâm trạng (thoải mái)
読み物2	事実 (じじつ)	true	事实	Thực tế, thực sự
読み物2	薦める (すす)	to recommend	推荐	Khuyến khích, khuyên bảo, đề nghị
読み物2	中身 (なかみ)	inside	里面的内容	Bên trong, nội dung
コラム	戦略 (せんりゃく)	strategy	战略	Chiến lược
コラム	仕組む (しく)	to concoct	机制	Cơ cấu, tổ chức
コラム	巧み [な] (たく)	skillful	巧妙(的)	Khéo léo, thông minh
コラム	幼児 (ようじ)	baby	幼儿	Trẻ con, đứa trẻ
コラム	体型 (たいけい)	body type	体型	Thể hình
コラム	膨れる (ふく)	puffy	鼓起来	Sưng lên, phồng lên
コラム	引き起こす (ひ お)	to elicit	唤起	Dẫn đến, gây ra
コラム	保護 (ほご)	protection	保护	Bảo hộ, bảo vệ

読み物	日本語	English	汉语	Tiếng Việt
コラム	欲求 (よっきゅう)	desire	欲求	Khát khao, mong muốn
コラム	生理的 (せいりてき)	physiological	生理的	Sinh lý, bản năng
コラム	微笑 (びしょう)	smile	微笑	Mỉm cười
コラム	笑み (えみ)	smile	笑容	Nụ cười
コラム	術 (すべ)	tactic	手段	Kỹ thuật

07　消費の行方

読み物	日本語	English	汉语	Tiếng Việt
読み物1	決まり文句 (きまりもんく)	cliché	套话	Câu nói định sẵn thường nói
読み物1	総務省 (そうむしょう)	Ministry of Internal Affairs and Communications	总务省	Bộ Nội vụ và Truyền thông
読み物1	実態 (じったい)	situation	实际情况	Thực tế, thực trạng
読み物1	試算 (しさん)	preliminary estimates	估算	Tính thử
読み物1	単身 (たんしん)	single, not married	单身	Độc thân
読み物1	(5)割 (わり)	(50) percent	(5)成	(50)%
読み物1	下回る (したまわる)	to fall below	低于	Thấp hơn, giảm
読み物1	マーケッター	marketer	营销企划人	Chuyên gia tiếp thị
読み物1	嫌(消費) (けんしょうひ)	anti (consumption)	讨厌(消费)	Ghét (tiêu thụ)
読み物1	世代 (せだい)	generation	年代	Thế hệ, thời kỳ
読み物1	直面する (ちょくめん)	to face	面对	Giáp mặt, đối diện
読み物1	見通し (みとおし)	outlook	预期	Suy đoán, suy luận
読み物1	後悔する (こうかい)	to regret	后悔	Hối hận, ăn năn
読み物1	回避する (かいひ)	to avoid	回避	Tránh
読み物1	ただでさえ	even as it is	本来就	Ngay cả nhưng lúc thông thường
読み物1	思い切る (おもいきる)	to be bold	下定决心	Thất vọng, chán nản
読み物1	踏み切る (ふみきる)	to go ahead	下定决心	Từ bỏ
読み物1	励む (はげむ)	to apply oneself to, to work towards	努力	Cố gắng, phấn đấu
読み物1	かくして	as such	就这样	Theo cách đó, như vậy
読み物1	連鎖反応 (れんさはんのう)	chain reaction	连锁反应	Phản ứng dây chuyền
読み物1	ふらっと	by chance, unplanned	漫无目的地	Tình cờ, ngẫu nhiên
読み物1	今どき (いまどき)	nowadays	当今	Ngày nay

読み物	日本語	English	汉语	Tiếng Việt
読み物1	スポット	place, location	地点	Bản tin thời sự ngắn
読み物1	遠出する	to travel some distance, to go for an excursion	远行	Lòng vòng, không đi thẳng vào vấn đề
読み物1	ワンボックスカー	minivan	面包车	Xe ô tô 6~8 chỗ ngồi với một cửa đẩy
読み物1	デザイン	design	设计	Thiết kế
読み物1	二の次	of secondary importance	次要的	Thứ 2
読み物1	燃費	fuel efficiency	耗油量	Tỷ lệ hao nhiên liệu
読み物1	人混み	large crowd	人群	Đám đông
読み物1	グルメ	good food	美食	Kiểu ăn, phong vị món ăn
読み物1	余地	possibility	余地	Chỗ, nơi
読み物1	ターミナル駅	major train station	终点站	Ga cuối cùng
読み物1	健全[な]	healthy	稳妥(的)	Khoẻ mạnh, bình thường
読み物1	密室	closed space	密室	Mật thất
読み物1	ハプニング	unexpected incident	事件	Sự việc tình cờ, sự việc xảy ra ngoài ý muốn
読み物1	いそしむ	to devote to	努力	Làm việc siêng năng
読み物1	でっかい[=でかい]	big	大的	To, to lớn
読み物1	ライバル	rival	竞争对手	Đối thủ, địch thủ
読み物1	グローバル	global	全球的	Toàn cầu, khắp thế giới
読み物1	愚か[な]	foolish	愚蠢(的)	Ngu ngốc, ngớ ngẩn
読み物1	切り拓く	to pave the way	开拓	Mở, thông
(問題)	逃す	to let go of/to miss	错失	Bỏ lỡ
読み物2	突如として	suddenly	突如其来	Đột ngột
読み物2	感染者	infected person	感染者	Người nhiễm bệnh
読み物2	感染症	infectious disease	传染病	Bệnh truyền nhiễm
読み物2	着用	the wearing of	佩戴	Đeo
読み物2	ソーシャルディスタンス	social distance	社交距离	Giãn cách xã hội
読み物2	確保	secured (object)	保持	Đảm bảo
読み物2	様式	style	方式	Mô hình
読み物2	提唱	advocacy	提倡	Đề xướng

読み物	日本語	English	汉语	Tiếng Việt
読み物2	則る (のっと)	to align with	根据	Tuân theo
読み物2	密集 (みっしゅう)	crowded places	密集	Tụ tập đông người
読み物2	密着 (みっちゃく)	close-contact settings	密接	Tiếp xúc gần
読み物2	密閉 (みっぺい)	closed spaces	密闭	Kín gió
読み物2	避ける (さ)	to avoid	避免	Tránh
読み物2	デリバリーサービス	delivery service(s)	外送服务	Dịch vụ giao hàng
読み物2	キャッシュレス払い (ばら)	cashless payment(s)	非现金支付	Thanh toán không dùng tiền mặt
読み物2	密[な] (みっ)	intimate/crowded	封闭(的)	Kín
読み物2	空間 (くうかん)	space	空间	Không gian
読み物2	テイクアウト	take out	外带	Mang đi
読み物2	屋内 (おくない)	indoors	室内	Trong nhà
読み物2	屋外 (おくがい)	outdoors	室外	Ngoài trời
読み物2	急増する (きゅうぞう)	to surge	剧增	Tăng nhanh chóng
読み物2	根底 (こんてい)	basis	根本	Gốc rễ
読み物2	教訓 (きょうくん)	lesson	经验,教训	Bài học
読み物2	配慮する (はいりょ)	to consider	考虑	Cân nhắc
読み物2	国連 (こくれん)	United Nations	联合国	Liên Hợp Quốc
読み物2	採択する (さいたく)	to adopt	制定	Thông qua
読み物2	持続 (じぞく)	sustained/preserved	持续	Bền vững
読み物2	開発 (かいはつ)	development	发展	Phát triển
読み物2	揚げる (かか)	to raise (a subject)	提出	Nêu lên
読み物2	土壌 (どじょう)	foundation	土壤	Nền tảng
読み物2	消耗品 (しょうもうひん)	consumable goods	消耗品	Sản phẩm tiêu hao
読み物2	同意 (どうい)	agreement	同意,赞同	Đồng ý
読み物2	表明する (ひょうめい)	to declare	表明	Thể hiện rõ
読み物2	指摘する (してき)	to point out	指出	Chỉ trích
読み物2	自粛 (じしゅく)	self-restraint	自行约束	Tự hạn chế
読み物2	流通 (りゅうつう)	distribution	流通	Phân phối
読み物2	大幅[な] (おおはば)	wide-ranging	大幅度(的)	Đáng kể
読み物2	落ち込み (お こ)	decline	下降,回落	Giảm sút

154

読み物	日本語	English	汉语	Tiếng Việt
読み物2	食材（しょくざい）	foodstuff(s)	食材	Nguyên liệu thực phẩm
読み物2	削減（さくげん）	reduction	减少	Cắt giảm
読み物2	報道（ほうどう）	a report/news	报道	Tin tức
読み物2	（経営）難（けいえい なん）	(business) difficulty(ies)	(经营)困难	Khó khăn trong việc (điều hành kinh doanh)
読み物2	陥る（おちいる）	to fall into	陷入	Rơi vào
読み物2	地元（じもと）	local	当地,本地	Địa phương
読み物2	促す（うながす）	to encourage	促进,推动	Thúc đẩy
読み物2	遠出（とおで）	excursion(s)	远行,出远门	Đi du lịch xa
読み物2	近場（ちかば）	nearby place	附近,周边	Khu lân cận
読み物2	排出（はいしゅつ）	emission(s)	排放	Phát thải
読み物2	パンデミック	pandemic	流行病,瘟疫	Đại dịch
読み物2	軍事（ぐんじ）	military affairs	军事	Quân sự
読み物2	危うい（あやうい）	dangerous	危险的	Nguy hiểm
読み物2	破壊（はかい）	destruction	破坏	Tàn phá
読み物2	軽率[な]（けいそつ）	careless	轻率(的),草率(的)	Bất cẩn
読み物2	真剣に（しんけん）	seriously	认真	Nghiêm túc
コラム	神器（じんぎ）	sacred treasure	神器	Báu vật thiêng liêng
コラム	太平洋（たいへいよう）	Pacific	太平洋	Thái Bình Dương
コラム	終結（しゅうけつ）	the end	结束	Kết thúc
コラム	所有する（しょゆう）	to own	拥有	Sở hữu
コラム	隣近所（となりきんじょ）	neighborhood	街坊四邻	Vùng lân cận
コラム	憧れ（あこがれ）	aspiration	令人憧憬或羡慕	Khao khát
コラム	皇室（こうしつ）	Imperial Household	(日本)皇室	Hoàng thất
コラム	宝物（ほうもつ）	treasure	宝物	Báu vật
コラム	開催（かいさい）	hosting	召开	Tổ chức
コラム	見据える（みすえる）	to focus on/to fix one's gaze on	看准	Hướng đến
コラム	繰り広げる（くりひろげる）	to unfold	展开	Mở rộng
コラム	家電（かでん）	household appliance	家电	Đồ điện gia dụng
コラム	体験（たいけん）	experience	体验	Trải nghiệm
コラム	見いだす（みいだす）	to discover/notice	发现	Tìm ra
コラム	志向（しこう）	intention	导向	Định hướng

読み物	日本語	English	汉语	Tiếng Việt
コラム	細分化（さいぶんか）	fragmentation/segmentation	细分化	Chia nhỏ
コラム	一括り（ひとくくり）	lump together	一概而论	Tổng hợp

08　いじめ

読み物	日本語	English	汉语	Tiếng Việt
読み物1	俺（おれ）	I (informal term used by men)	俺	Tôi
読み物1	貧乏（びんぼう）	poor	贫穷	Bần cùng, nghèo khổ
読み物1	あだ名（な）	nickname	外号	Biệt danh
読み物1	母子家庭（ぼしかてい）	single-mother household	母子单亲家庭	Gia đình không có cha
読み物1	民宿（みんしゅく）	guest house	民宿	Nhà trọ tư nhân
読み物1	ボロい	worn down	破旧的	Đổ nát
読み物1	制服（せいふく）	school uniform	制服	Đồng phục
読み物1	お下がり（さがり）	hand-me-down	(哥哥姐姐等穿剩的)旧衣服	Đồ cũ, đồ thừa
読み物1	つぎはぎ	patches	补丁	Khâu vá, cóp nhặt
読み物1	しんどい	tough	艰苦的	Mệt mỏi, phiền hà
読み物1	胃潰瘍（いかいよう）	stomach ulcer	胃溃疡	Viêm dạ dày
読み物1	生まれつき（う）	by birth	天生的	Tự nhiên, bẩm sinh
読み物1	帰省する（きせい）	to return to one's hometown	回老家	Về quê, về thăm quê
読み物1	いじめっ子	bully	欺负人的孩子	Kẻ hay bắt nạt
読み物1	不良（ふりょう）	gangster	品行不端	Không tốt, lưu manh
読み物1	見せかけ（み）	in disguise	假装	Vẻ ngoài, mã ngoài, điệu bộ
読み物1	暴走族（ぼうそうぞく）	gang	暴走族	Băng nhóm đua xe, quái xế
読み物1	下宿（げしゅく）	boarding house	租的房子	Nhà trọ
読み物1	（下宿）先（げしゅくさき）	(boarding house) location	(所租房子的)地点	Chỗ (nhà trọ)
読み物1	ボクシングジム	boxing gym	拳击馆	Phòng tập boxing
読み物1	ケンカ	fighting	打架	Cãi lộn
読み物1	のめり込む（こ）	to become engrossed in	沉迷	Tậm phục, mệt tít, hoàn toàn bị lôi cuốn
読み物1	体験（たいけん）	experience	体验	Trải nghiệm
読み物1	ただの一度も～ない（いちど）	not even once	一次都没有	Không một lần nào

読み物	日本語	English	汉语	Tiếng Việt
読み物1	いまだに	still remains	仍然	Vẫn
読み物1	やり返す	to get back at	还击	Tố cáo, khiển trách
読み物1	仕返しする	to take revenge	报复	Báo thù, trả thù
読み物1	抱え込む	to keep to oneself	承担	Gánh vác, ôm đồm
読み物1	デビュー(する)	to debut	出道	Biểu diễn
読み物1	フライ級	flyweight	蝇量级	Hạng ruồi, võ sĩ hạng ruồi
読み物1	王座	title	首席	Chức vô địch
読み物1	獲得(する)	to win	获得	Thu được, nhận được
読み物1	現役	active (boxer)	现役	Vị trí đang hoạt động
読み物1	タレント	TV personality	艺人	Tài năng trẻ, ngôi sao mới
読み物2	加害者	perpetrator	加害者	Hung thủ, người tấn công
読み物2	強要する	to force, to compel	强行要求	Ép buộc
読み物2	脅迫	intimidation	胁迫	Hăm dọa
読み物2	発覚する	to become known	暴露	Phát hiện
読み物2	罪悪感	sense of guilt	罪恶感	Cảm giác tội lỗi
読み物2	正義	rightful cause	正义	Chính nghĩa
読み物2	追い詰める	to trap somebody	逼到绝境	Săn lùng, theo dõi
読み物2	ほんの(少し)	a little bit	真的(一点点)	Chỉ (một ít)
読み物2	極力	as much as possible	极力	Hết sức, vô cùng
読み物2	傍観者	bystander	旁观者	Người bàng quan, thờ ơ
読み物2	転ずる	to shift to	转变	Xoay chuyển, thay đổi
読み物2	適応する	to adapt to	适应	Thích ứng
読み物2	まかり通る	to become acceptable	横行	Cho qua, bỏ qua
読み物2	歪む	distorted	扭曲	Bẻ cong, xuyên tạc, bôi nhọ
読み物2	同情	sympathy	同情	Đồng tình, đồng cảm
読み物2	濃淡	variations	深浅程度	Sự đậm nhạt
読み物2	鈍磨する	to numb	钝化	Ngốc nghếch, ngu ngốc
読み物2	残酷[な]	cruel	残酷(的)	Nhẫn tâm, khốc liệt, dã man
読み物2	メカニズム	mechanism	机制	Cơ chế

読み物	日本語	English	汉语	Tiếng Việt
読み物2	徹する	to devote	贯彻始终	Thực hiện triệt để, thẳng tay
読み物2	術	tactic	方法	Nghệ thuật
読み物2	疫病	plague	疫病	Bệnh dịch, bệnh truyền nhiễm
読み物2	あえて	intentionally	故意	Dám, mất công
読み物2	事例	example	事例	Trường hợp
読み物2	先立つ	prior to	在先前	Trước khi
読み物2	ばらまく	to spread	散布	Gieo rắc, phổ biến
読み物2	植え付ける	to instill	灌输	Trồng, cắm, hình thành
読み物2	次第に	gradually	逐渐地	Dần dần
読み物2	進行する	to progress	发展	Tiến hành, tiến triển
読み物2	値する	deserving of	相配	Xứng đáng
読み物2	フィクション	fiction	杜撰的故事	Điều hư cấu, điều tưởng tượng
読み物2	事実	truth	事实	Thực tế, thực sự
読み物2	ヒステリー	hysteria	歇斯底里	Cuồng loạn, kích động, loạn thần kinh
読み物2	本心	one's heart	本心	Thật tâm, thật lòng
読み物2	キモイ	gross	恶心	Khó chịu, không vui
読み物2	うざい	annoying	烦人	Phiền hà, khó chịu
読み物2	告げる	to say	宣告	Thông báo
読み物2	ひとたび	once	一旦	Một thời gian, một khi, một lần
読み物2	共有する	to share	共有	Chia sẻ
読み物2	閉鎖的[な]	closed, insular	封闭的	Khép kín, thân thiết
読み物2	様相	aspect	面貌	Phương diện, mặt vấn đề
読み物2	呈す[様相を呈す]	to bear [to bear the aspect of]	呈现[呈现面貌]	Hiển thị, cho xem, trình bày (Trình bày vấn đề)
読み物2	思いつく	to think up	想出	Nghĩ ra
読み物2	はるかに	far (exceeds)	远远地	Hơn, xa, nhiều
読み物2	死に追いやる	to push someone to death	逼到绝路	Kết tội chết
読み物2	陰湿[な]	insidious	阴暗(的)	Hiểm độc, hằn học
読み物2	悪質[な]	heinous	恶性(的)	Xấu, ác

読み物	日本語	English	汉语	Tiếng Việt
読み物2	ウィルス	virus	病毒	Virus
読み物2	侵^{おか}す	to affect	侵袭	Xâm nhập
読み物2	ダメージ	damage	损害	Phá hủy, hủy hoại
(問題)	(加害者)同士^{かがいしゃ どうし}	among (perpetrators)	(加害者)同伙	Nhóm (Hung thủ, người tấn công)
(問題)	通^{つう}じ合^あう	to understand each other, to be on the same wavelength	相通	Hiểu, cảm thông
(問題)	ヒステリック[な]	hysterical	歇斯底里(的)	Kích động
コラム	推進^{すいしん}	promotion	推进	Thúc đẩy
コラム	行為^{こうい}	conduct	行为	Hành động
コラム	定義^{ていぎ}する	to define	定义	Định nghĩa
コラム	悪質^{あくしつ}[な]	heinous	恶性(的)	Xấu, ác
コラム	保護者^{ほごしゃ}	parents and guardians	家长	Người bảo hộ, người bảo vệ
コラム	責務^{せきむ}	responsibility	职责	Trách nhiệm, nhiệm vụ, bổn phận
コラム	事項^{じこう}	matters	事项	Điều khoản, mục
コラム	定^{さだ}める	to set forth	制定	Quyết định, quy định
コラム	制定^{せいてい}	enactment	制定	Ban hành
コラム	要望^{ようぼう}する	to request	要求	Nhu cầu

09 子どもの名前

読み物1	個性^{こせい}	personality	个性	Cá tính, tính cách
読み物1	ルール	rules	规则	Nội quy, quy tắc, quy định
読み物1	通常^{つうじょう}	ordinary	通常	Thông thường
読み物1	とりわけ	especially	特别	Đặc biệt, phân biệt, ngang sức
読み物1	(読^よみ)こなす	to be adept (at reading)	(读)明白	Hiểu rõ, nắm rõ (cách đọc)
読み物1	難読^{なんどく}	difficulty of reading	难读	Khó đọc
読み物1	従来^{じゅうらい}	before	以前	Từ trước đến giờ
読み物1	もはや	no longer	已经	Đã, rồi
読み物1	苦悩^{くのう}	headache	苦恼	Đau khổ, khổ tâm
読み物1	連鎖^{れんさ}	series	连锁	Chuỗi
読み物1	風潮^{ふうちょう}	trend	风潮	Trào lưu, xu hướng

読み物	日本語	English	汉语	Tiếng Việt
読み物1	小児科（しょうにか）	pediatrics	小儿科	Khoa Nhi
読み物1	名簿（めいぼ）	list of names	名单	Danh bạ
読み物1	一同（いちどう）	the entire group	全体	Tất cả
読み物1	(困り)果てる（こまりはてる）	to be (at a loss)	(为难)之极	Vô cùng (khó khăn)
読み物1	進行（しんこう）	holding	进行	Tiến hành, tiến triển
読み物1	乳幼児（にゅうようじ）	young children	婴幼儿	Trẻ sơ sinh
読み物1	欠かせない（かかせない）	essential	不可缺少的	Không thể thiếu
読み物1	カルテ	medical record	病历	Hồ sơ bệnh án
読み物1	当人（とうにん）	person in question	本人	Người này, người đang nhắc đến
読み物1	耐えがたい（たえがたい）	unbearable	难以忍受的	Không thể chịu đựng nổi
読み物1	見ず知らず（みずしらず）	stranger	素不相识的	Lạ lẫm, không quen biết
読み物1	好奇（こうき）	curiosity	好奇	Tò mò, hiếu kỳ, soi mói
読み物1	反応（はんのう）	reaction	反应	Phản ứng
読み物1	引き起こす（ひきおこす）	to elicit	引起	Gây ra, dẫn đến
読み物1	襲う（おそう）	face	侵扰	Công kích, tấn công
読み物1	標的（ひょうてき）	target	目标	Mục tiêu
読み物1	きわめて	extremely	极其	Cực kỳ, vô cùng
読み物1	ただでさえ	let alone	本来就	Ngay cả nhưng lúc thông thường
読み物1	同調する（どうちょうする）	to go along with	同一步调	Đồng tình
読み物1	突出する（とっしゅつする）	to stand out	突出	Đột xuất
読み物1	排除する（はいじょする）	to eliminate	排除	Loại bỏ, xóa bỏ
読み物1	知的[な]（ちてき[な]）	wise	知性的	Trí tuệ, thông minh
読み物1	推す[推して知るべし]（おす[おしてしるべし]）	to infer, to presume (it can easily be inferred/ presumed)	推知 [推测便知]	Suy ra, kết luận
読み物1	事実（じじつ）	as a matter of fact	实际上	Thực tế, thực sự
読み物1	公言する（こうげんする）	to vow to	声明	Tuyên bố, sự bày tỏ
読み物1	公共財（こうきょうざい）	public commons	公共财产	Tài sản công cộng
読み物1	差異化（さいか）	differentiation	差异化	Khác biệt
読み物1	図る（はかる）	to strive to	谋求	Lên kế hoạch
読み物1	アイデンティティー	identity	身份	Đặc tính, tính đồng nhất

読み物	日本語	English	汉语	Tiếng Việt
読み物1	確立する	to establish	确立	Xác lập, thiết lập
読み物1	自体	itself	本身	Tự thân, chính
読み物1	貫く	to adhere to	贯彻始终	Xuyên suốt, quán triệt
読み物1	貨幣	currency	货币	Tiền tệ, đồng tiền
読み物1	認識	understanding	认识	Công nhận
読み物1	果たす	to fulfill	履行	Hoàn thành
読み物1	両立	to achieve a balance	兼得	Cùng tồn tại, đứng cùng nhau
読み物1	前述する	noted earlier	上述的	Trình bày ở trên
読み物1	名づけ	name	命名	Đặt tên, gọi tên
読み物1	世	out there	世间	Thế giới, xã hội
(問題)	予想する	to predict	预想	Dự báo, dự tính
1から2へ	由来	origin	由来	Nòi giống, nguồn gốc
読み物2	とある	a certain	某个	Tại
読み物2	取材する	do a story on	采访	Thu thập dữ liệu
読み物2	一見する	at first glance	乍看上去	Nhìn qua, xem sơ qua
読み物2	背景	background, underlying meaning	背景	Bối cảnh
読み物2	バブル経済	bubble economy, high economic growth	泡沫经济	Nền kinh tế bong bóng
読み物2	はじける	to burst	破灭	Sụp đổ
読み物2	不況	economic slowdown	萧条	Tình trạng đình trệ
読み物2	退職	resignation	离职	Thôi việc
読み物2	余儀なくされる	to be forced to do	不得不	Bắt buộc phải
読み物2	序列化	ordering	讲排名	Xếp hạng
読み物2	個性	personality	个性	Cá tính, tính cách
読み物2	自主性	autonomy	自主性	Tính độc lập, tự chủ
読み物2	重んじる	to place weight on	重视	Kính trọng, coi trọng
読み物2	ゆとり [ゆとり教育]	comfortable, relaxed ["yutori education"]	宽裕 [宽裕教育]	Không áp lực, thoải mái (giáo dục không áp lực)
読み物2	方向転換	shift in direction	方向转换	Thay đổi phương hướng
読み物2	図る	to strive to	谋求	Lên kế hoạch

読み物	日本語	English	汉语	Tiếng Việt
読み物2	産む	to give birth to	分娩	Sinh, đẻ
読み物2	託す	to entrust	寄托	Ủy thác
読み物2	妊産婦	pregnant and nursing women	妊妇和产妇	Sản phụ
読み物2	新生児	newborn	新生儿	Trẻ sơ sinh
読み物2	データベース化	create a database	作成数据库	Cơ sở dữ liệu hóa
読み物2	名付け	name	命名	Đặt tên
読み物2	ユニーク[な]	unique	独特的	Duy nhất
読み物2	願望	wishes	愿望	Nguyện vọng, mong muốn
読み物2	かなえる	to realize	实现	Đáp ứng
読み物2	マスコミ	mass media	媒体	Phương tiện truyền thông
読み物2	私見	my opinion	个人见解	Ý riêng
読み物2	的	target	要害	Đích, đối tượng
読み物2	射る[的を射る]	to hit [to hit the target=pertinent]	射中[射中要害]	Nắm bắt (Nắm bắt điểm trọng yếu)
読み物2	そもそも	for starters	说到底	Đầu tiên, ngay từ ban đầu
読み物2	被る	to suffer	蒙受	Chịu, đội, mang
読み物2	事実	as a matter of fact	实际上	Thực tế, thực sự
読み物2	保険	insurance	保险	Bảo hiểm
読み物2	ベストテン	top ten	前十位	Top 10 tốt nhất
読み物2	付け加える	to add further	补充	Thêm vào
読み物2	アナウンス	announcement	广播	Thông báo
読み物2	保護	protection	保护	Bảo hộ, bảo vệ
読み物2	観点	perspective, for the reason of	角度	Quan điểm
読み物2	冒頭	at the beginning	文章开头	Bắt đầu
読み物2	掲載する	to state	刊载	Đăng tải
読み物2	きわめて	extremely	极其	Cực kỳ, vô cùng
読み物2	営み	affair	行为	Hành động, tiến hành
読み物2	年金	pension	养老金	Tiền trợ cấp hàng năm
読み物2	雇用	employment	雇用	Thuê mướn, tuyển dụng
読み物2	強固[な]	strong	牢固(的)	Mạnh mẽ, kiên cố

読み物	日本語	English	汉语	Tiếng Việt
読み物2	核家族化 (かくかぞくか)	tendency to become a nuclear family	核家族化	Phát triển gia đình hạt nhân
読み物2	濃密 (のうみつ) [な]	close	浓厚密切(的)	Nhiều, dày đặc
読み物2	従来 (じゅうらい)	before	以前	Từ trước đến giờ
読み物2	確信 (かくしん)	confidence	确信	Tin tưởng, đảm bảo
読み物2	歩む (あゆむ)	to live	经历	Bước đi
読み物2	切ない (せつない)	heartrending	难过的	Vất vả, khó nhọc
コラム	(1)割 (わり)	(10) percent	(1)成	(10)%
コラム	推測する (すいそく)	to predict	推测	Suy đoán
コラム	一見 (いっけん)	at first glance	乍看	Nhìn qua, xem sơ qua
コラム	たか[鷹]	hawk	鹰	Chim ưng

10　高齢化のなかで

	日本語	English	汉语	Tiếng Việt
扉	高齢化 (こうれいか)	aging society	老龄化	Già hóa
読み物1	エベレスト	Mt. Everest	珠穆朗玛峰	Đỉnh núi Everest
読み物1	登頂 (とうちょう)	climb	登顶	Leo lên đỉnh
読み物1	直滑降 (ちょっかっこう)	to ski directly down a slope at high speed	直线滑下	Trượt thẳng xuống
読み物1	一躍 (いちやく)	catapulted (into fame)	一举	Vượt bậc
読み物1	最高峰 (さいこうほう)	highest peak	最高峰	Đỉnh cao nhất
読み物1	達成する (たっせい)	to accomplish	达成	Đạt được
読み物1	成し遂げる (なしとげる)	to achieve	完成	Hoàn thành, làm xong
読み物1	肥満 (ひまん)	obesity	肥胖	Mập, béo
読み物1	狭心症 (きょうしんしょう)	angina	心绞痛	Bệnh hẹp van tim
読み物1	糖尿病 (とうにょうびょう)	diabetes	糖尿病	Bệnh tiểu đường
読み物1	骨盤 (こつばん)	pelvis	骨盆	Xương hông
読み物1	再起 (さいき)	comeback	复原	Tái phát
読み物1	危ぶむ (あやぶむ)	to be in danger	担心	Lo sợ
読み物1	不整脈 (ふせいみゃく)	irregular heartbeat	心律不齐	Chứng loạn nhịp tim
読み物1	乗り越える (のりこえる)	to overcome	克服	Trèo lên, vượt lên trên, vượt qua
読み物1	驚異的 (きょういてき) [な]	astounding	惊人的	Kỳ diệu, thần kỳ
読み物1	攻め (せめ)	offense	进攻	Tấn công

読み物	日本語	English	汉语	Tiếng Việt
読み物1	控える	to refrain from	节制	Kiềm chế, giữ gìn
読み物1	ジム	gym	健身馆	Thể dục thẩm mỹ
読み物1	鉄アレイ	iron dumbbell	铁哑铃	Quả tạ, cục tạ
読み物1	筋力	muscle	肌肉力量	Sức mạnh cơ bắp
読み物1	鍛える	to train	锻炼	Rèn luyện
読み物1	骨密度	bone density	骨密度	Mật độ xương
読み物1	(成長)ホルモン	(growth) hormone	(成长)荷尔蒙	Hormone (tăng trưởng)
読み物1	脂分	fatty foods	脂肪	Hàm lượng chất béo
読み物1	発酵	fermented	发酵	Lên men
読み物1	メンタル	mentality	心理	Tinh thần
読み物1	意欲	motivation	意欲	Mong muốn
読み物1	プラス思考	positive mindset	积极思维	Suy nghĩ tích cực
読み物1	マイナス思考	negative mindset	消极思维	Suy nghĩ tiêu cực
読み物1	ヒマラヤ山脈	Himalaya Mountains	喜马拉雅山脉	Dãy Himalaya
読み物1	長寿	longevity	长寿	Trường thọ, sống lâu
読み物1	課題	issue, challenge	课题	Thách thức
読み物1	解明する	to find out	解明	Làm rõ, giải thích
読み物1	果てしない	infinite	无穷无尽	Vô biên, không cùng
読み物1	体現する	to manifest	体现	Ví dụ tiêu biểu
読み物1	連盟	association	联盟	Liên minh
読み物1	設立(する)	to establish	设立	Thành lập
1から2へ	身近	in one's vicinity	身边	Thân cận
1から2へ	タイトル	title	标题	Tiêu đề
読み物2	筋骨隆々	muscular	体格健壮	Cơ bắp săn chắc
読み物2	鉄棒	iron rod	铁棍	Thanh xà
読み物2	導く	to guide, to spearhead	引导	Hướng dẫn, dẫn đầu
読み物2	超人的	superhuman	超人的	Siêu nhân
読み物2	パワー	powers	力量	Năng lượng, sức mạnh
読み物2	キャラクター	cartoon character	卡通形象	Nhân vật
読み物2	思い描く	to imagine	想象	Tưởng tượng
読み物2	著作	book	著作	Tác phẩm
読み物2	物忘れ	forgetfulness	忘事	Quên, đãng trí

読み物	日本語	English	汉语	Tiếng Việt
読み物2	ある種	a type of	某种	Nhất định, một số loại
読み物2	テレパシー	telepathy	心灵感应	Thần giao cách cảm
読み物2	体力	physical strength	体力	Thể lực
読み物2	力む	to overstrain	用力	Làm căng
読み物2	アドバイス	advice	建议	Khuyên bảo, tư vấn
読み物2	衰え	diminishment	衰弱	Suy yếu, suy tàn
読み物2	誰しも	everyone	谁都	Bất kỳ ai
読み物2	頭脳明晰[な]	sharp mind	头脑明晰(的)	Minh mẫn
読み物2	はつらつ	full of energy	精力充沛	Tràn đầy
読み物2	否応なく	whether one likes it or not	不管愿意不愿意	Không có sự lựa chọn
読み物2	俺	I'm (informal term used by men)	俺	Tôi
読み物2	あいつ	he/she (very informal, implies contempt)	那个家伙	Anh ấy, cô ấy
読み物2	漏れる	to slip out	吐露	Lộ, rò rỉ
読み物2	自他	oneself and others	自己和他人	Mình và người khác
読み物2	老い	aging	衰老	Già
読み物2	嘆き	distress	悲叹	Nỗi đau, nỗi buồn
読み物2	憐れみ	pity	怜悯	Lòng trắc ẩn
読み物2	わくわくする	to feel excited	激动欢欣	Hồi hộp
読み物2	特権	perk	特权	Đặc quyền
読み物2	ポジティブ	positive	积极	Tích cực
(問題)	察する	to sense	体察	Cảm nhận, đồng cảm, đoán chừng
(問題)	取り戻す	to restore	恢复	Khôi phục
コラム	(長寿)大国	leading nation (of longevity)	(长寿)大国	Nước lớn (trường thọ, sống lâu)
コラム	認知症	dementia	痴呆症	Suy giảm trí tuệ
コラム	寝たきり	confined to bed	卧床不起	Nằm liệt giường
コラム	支障	difficulties	障碍	Trở ngại
コラム	厚生労働省	Ministry of Health, Labour and Welfare	厚生劳动省	Bộ y tế, Lao động và Phúc lợi
コラム	差し障り	interfere with	障碍	Cản trở, chướng ngại
コラム	高血圧	high blood pressure	高血压	Cao huyết áp

読み物	日本語	English	汉语	Tiếng Việt
コラム	とうにょうびょう 糖尿病	diabetes	糖尿病	Bệnh tiểu đường
コラム	せいかつしゅうかんびょう 生活習慣病	lifestyle-related dis-eases	生活习惯病	Bệnh do thói quen sinh hoạt
コラム	はっしょう 発症する	to develop	发病	Phát bệnh
コラム	ひか 控えめ	in moderation	节制	Kiềm chế, giữ gìn
コラム	ととの 整える	to maintain healthy	妥善调整	Chuẩn bị, sắp xếp
コラム	こうれい しゃかい 高齢(社会)	aging (society)	老龄(社会)	(Xã hội) cao tuổi
コラム	かだい 課題	issue, challenge	课题	Thách thức
コラム	ひごろ 日頃	daily	日常	Thông thường, thường xuyên
コラム	こころ 心がけ	mindfulness	留心	Cống hiến, hiến dâng

166

【著者略歴】

清水　正幸（しみず　まさゆき）

東京大学文学部国文学科卒業
東京外語専門学校、江戸カルチャーセンター日本語学校など
で日本語教育に従事
【著作】『日本語学習者のための読解厳選テーマ25+10［初中級］』
（凡人社）共著、『日本語学習者のための読解厳選テーマ10［中級］』
（凡人社）共著、『日本語学習者のための読解厳選テーマ10［上級］』
（凡人社）単著、『日本留学試験［日本語・読解］ポイントレッスン
＆問題集』（日本能率協会マネジメントセンター）共著

奥山　貴之（おくやま　たかゆき）

法政大学大学院人文科学研究科日本文学専攻修了
沖縄国際大学総合文化学部日本文化学科准教授
専門は日本語教育
【著作・研究発表】「思考に支えられた言語の使用を促す小説
読解授業の可能性　内容言語統合型学習CLIL（Content and
Language Integrated Learning）として　「羅生門」と「レキシン
トンの幽霊」を教材とした場合」『富士論叢』第61巻第1号（東
京富士大学）単著、『考える人のための上級日本語読解』（凡人社）
共著、「CLILによるアカデミック・ジャパニーズ指導についての
研究ー背景と概念の再確認と開発した教材についてー」『沖縄国際
大学日本語日本文学研究』第26巻第2号、「学部留学生の学びと
日本語教育の関わりについての質的研究ー大学卒業を控えた留学
生へのインタビュー調査から」『沖縄国際大学日本語日本文学研究』
第27巻第1号など

日本語学習者のための
読解厳選テーマ10［中上級］【改訂第2版】

2015年11月20日　　初版第1刷発行
2023年10月20日　　改訂第2版第1刷発行

著　　　者		清水正幸，奥山貴之
発　　　行		株式会社　凡　人　社
		〒102-0093
		東京都千代田区平河町1-3-13
		TEL：03-3263-3959
イ ラ ス ト		本間昭文
装丁デザイン		コミュニケーションアーツ株式会社
印 刷・製 本		倉敷印刷株式会社

ISBN 978-4-86746-015-3
©Masayuki SHIMIZU, Takayuki OKUYAMA　2015, 2023　Printed in Japan